REBEKKA REINHARD

Schön!

REBEKKA REINHARD

Schön!

Schön sein, schön scheinen,
schön leben – eine philosophische
Gebrauchsanweisung

LUDWiG

Verlagsgruppe Random House FSC® Noo1967
Das für dieses Buch verwendete
FSC®-zertifizierte Papier *EOS*
liefert Salzer Papier, St. Pölten, Austria.

Lektorat: Andrea Kunstmann, München
Umschlaggestaltung: Eisele Grafik·Design, München
Umschlagillustration: Catherine Abel/Private Collection/
The Bridgeman Art Library
Satz: Leingärtner, Nabburg
Druck und Bindung: Pustet, Regensburg
Printed in Germany 2013

ISBN: 978-3-453-28049-6

Für Marilyn Monroe

»DENKEN WAS WAHR, UND FÜHLEN WAS SCHÖN,
UND WOLLEN WAS GUT,
DARIN ERKENNET DER GEIST DAS ZIEL
DES VERNÜNFTIGEN LEBENS.«

PLATON

»ICH BIN MEINE EIGENE BARBIE.«

PARIS HILTON

Inhalt

Was ist schön?

Hauptsache: *Schön!* Nie war der Druck, gut auszusehen, größer als heute. In Zeiten metaphysischer Obdachlosigkeit geht (fast) nichts mehr ohne ästhetisches Aufbauprogramm. Wer das Wort Crosstrainer noch nie gehört hat, wem nicht klar ist, dass es sich bei Sommersprossen gar nicht um Sommersprossen, sondern um altersbedingte Pigmentstörungen handeln könnte, hat schon verloren. Nicht nur Angela Merkel weiß, dass sie ohne honigblonde Tönung aufgeschmissen wäre. Auch ein Großteil ihrer Untertanen beugt sich dem Diktat des Friseurs.

Die Frage: »Wie werde ich schön und wie bleibe ich es?« ist aus den Gehirnwindungen der modernen Frau nicht wegzudenken. Auch ein überdurchschnittlich hoher IQ kann sie nicht daran hindern, sich – bewusst oder unbewusst – mit jüngeren und schlankeren Exemplaren ihres Geschlechts zu vergleichen und sich schlecht zu fühlen. Für immer mehr Frauen sind Mimikfalten kein Zeichen von Lebenserfahrung, sondern ein echtes Problem. Ein Problem wie Schlafstörungen oder chronischer Geldmangel, das es nachhaltig zu beheben gilt. Mittels Creme, Serum oder Skalpell.

Schönheitsoperationen werden mehr und mehr zur Normalität. Sogar im Land der Dichter und Denker, wo körperliche Schönheit traditionell eher mit Oberflächlichkeit und mangelnder Authentizität gleichgesetzt wird. Laut einer Studie der Deutschen Gesellschaft für Ästhetisch-Plastische Chirurgie von 2011/2012 lässt die ehrgeizige Frau von heute oft schon mit achtzehn erste Korrekturen vornehmen, typischerweise an ihrer als zu klein empfundenen Brust. Aber auch der moderne Mann sieht nicht tatenlos zu, wie sein Bauch ins Unermessliche wächst. Die Top Drei ästhetischer Eingriffe beim Mann sind Fettabsaugung, Lidstraffung und Nasenkorrektur. Die Penisvergrößerung liegt dagegen leicht abgeschlagen auf Platz sieben.

Ist der Schönheitswahn nur ein Symptom unseres allgemeinen Perfektionismus? Gut möglich: Wer den optimalen Job, den ausgeglichensten Partner, die zuverlässigsten Freunde, die ideale Wohnung und den wohlerzogensten Hund anstrebt, kann nicht mit einer Hakennase herumrennen. Oder doch? Ungeachtet der Tatsache, dass wir alle irgendwie gut aussehen wollen – eine eindeutige Definition von »schön« zu finden, ist gar nicht so leicht. Der perfekte Job setzt sich aus einer anregenden Tätigkeit, einem angenehmen Ambiente und einer angemessenen Bezahlung zusammen. Der perfekte Partner ist durch Einfühlsamkeit, Charakterstärke und Geschäftssinn gekennzeichnet. Und das perfekte Gesicht?

Die Trendforscherin Europa Bendig hält diese Frage für völlig verfehlt. Ihrer Meinung nach punkten wir jetzt und in Zukunft weniger dadurch, dass unser Äußeres einem bestimmten ästhetischen Ideal entspricht, als durch Ausstrahlung, Persönlichkeit und Charakter. Was Bendig als Trend beschreibt, ist nichts anderes als die altgriechische Vorstellung von der *kalogathia:* der Einheit des Schönen, Guten und Wahren. In der modernen Alltagsästhetik zeigt sich die ungebrochene Wirksamkeit der *kalogathia* vor allem daran, dass wir schönen Menschen nicht nur größere moralische Kompetenzen als weniger attraktiven zutrauen, sondern auch eine höhere Intelligenz, bessere Karrierechancen und eine stabilere Gesundheit. (Auch wenn dies nicht immer der Realität entspricht ...)

Bendig meint außerdem: »Ganz oben in der Schönheitshierarchie steht die Forderung, schlank und gestylt zu sein. Es geht also nicht mehr um die eigentlichen Gesichtszüge, sondern: Habe ich es geschafft, durch Disziplin schlank und schön zu sein, und habe ich durch Wissensvorsprung den richtigen

Style? … Sich ständig neu zu definieren ist etwas, das uns die Arbeits- und die Lebenswelt abverlangt.«

Schönheit als Leistung – kann das wirklich alles sein?

Durch die Verbesserung unseres Aussehens hoffen wir ja nicht nur, den Anschein von Diszipliniertheit zu erwecken. Wir wollen so ganz generell unseren Wert als gute, liebenswerte, von Potenzialen nur so strotzende Menschen zur Geltung bringen. Was nur natürlich ist in einer Zeit, in der Gesehen- und Bewundert-Werden als unverzichtbare Bedingung für Ansehen und Anerkennung gilt.

Wer sich Botox spritzen lässt, dem geht es nicht bloß um eine faltenlose Stirn. Sondern auch um die existenzielle Selbstvergewisserung: »Ich sorge mich um meinen Körper, also bin ich. Ich lasse mich nicht gehen, also bin ich liebenswert.«

Diese Selbstvergewisserung will natürlich ständig wiederholt und vom »Gefällt mir!« der anderen sanktioniert werden. Dabei geht es zu selten ums Sein und zu oft ums Haben. Zu oft ist unser Körper für uns etwas, das wir *haben,* und zu selten etwas, das wir *sind.* Wer sich ständig mit dem identifiziert, was er hat, vergisst, wer er ist – wie viele der sogenannten »Celebrities«. Menschen aus Film, Fernsehen und Politik, die sich für Lichtgestalten halten. Leute, die für ihre Besitztümer berühmt sind: ein (einigermaßen) ansprechendes Äußeres, Geld und Macht. Politiker, Talkmaster und Topmodels sind die Meister des schönen Scheins. Sie wissen genau, welche Knöpfe sie bei uns drücken müssen, damit wir so etwas wie Authentizität in ihnen vermuten. Die Cleversten unter ihnen haben Techniken entwickelt, die den Eindruck innerer Schönheit erwecken. Sie umgeben sich mit einer Aura, die gemäß der *kalogathia* die Werte des Wahren und Guten transportiert. Werte, die Orientierung, Übersichtlichkeit, Trost und Glück verheißen. Leider folgt auf die Verheißung meist die Enttäuschung. Vorsicht ist also geboten. Es ist leicht, Menschen als etwas zu sehen, was sie nicht sind: »schön«. Wenn wir uns verführen lassen, Schein mit Sein, Unecht mit Echt, Geste mit Geist zu verwechseln, bleiben uns die Tiefendimensionen des Schönen verschlossen.

Diese Welt ist nicht nur nicht perfekt. Sie ist nie so, wie sie sein sollte. Schönheit hat die Macht, aus dem Chaos unseres Planeten einen *Kosmos* zu machen, eine geordnete, sinnvolle Gestalt. Deshalb ist sie ein menschliches Grundbedürfnis – genau wie Liebe oder Zugehörigkeit. Der Wunsch, gut auszusehen, und die Sehnsucht, ein gutes Leben zu haben, hängen untrennbar zusammen.

Schönheit ist schließlich viel mehr als die Abwesenheit von körperlichen Mängeln. *Schönheit ist immer auch ein Versprechen von Glück.* Wir hoffen, ein besseres Leben zu haben, indem wir uns um unser Äußeres sorgen. Wir wollen keine »Celebrity« sein, wir wollen uns einfach gut fühlen. Und wir wollen, dass man uns das ansieht. Es ist uns wichtig, den Wirren der globalisierten und digitalisierten Welt etwas ganz Konkretes entgegensetzen zu können. Volles Haar. Eine gute Figur. Der Grund, warum wir uns eine gerade Nase anschaffen oder einen flachen Bauch, warum wir einen Apfel aus biologischem Anbau kaufen, einen mit dem Etikett »Fair Trade« versehenen Pullover oder einen Hund, ist stets der gleiche: Wir wollen das Gefühl haben, auf dem richtigen Weg zu sein. Alles uns Mögliche dafür zu tun, aus diesem Leben etwas Schönes und Sinnvolles zu machen.

Wer allerdings Schönheitspflege betreibt, ohne sich je gefragt zu haben, was »schön« eigentlich bedeutet, verhält sich ziemlich unphilosophisch. Bevor wir uns den Kopf darüber zerbrechen, wie wir unsere verkapselten Mitesser loswerden oder die Couperose in der T-Zone eliminieren können, sollten wir erst einmal überlegen: Ist körperliche Schönheit bloß eine Sache

der Konvention, der Mode? Oder gibt es doch objektive Maßstäbe für schön und hässlich? Liegt Schönheit (nur) im Auge
des Betrachters? Oder hat Heidi Klum die Deutungshoheit?
Darum geht es im *ersten Teil* dieses Buches.

Kapitel 1 nimmt das weibliche Schönheitsideal unserer Zeit
unter die Lupe und löst das Rätsel, warum die emanzipierte,
vom Verdienst des Mannes immer unabhängigere Frau sich so
schwer tut, ihren Körper so, wie er ist, zu akzeptieren – und
warum sie (zu) viel dafür tut, ihn zu ändern. Ein Grund für die
weibliche Schönheitsbesessenheit ist die allgemeine grausame
Tendenz der Medienkultur, das Äußere einer normalgewichti-
gen, durchschnittlich attraktiven Frau nicht als normal, sondern als hässlich einzustufen …

Kapitel 2 widmet sich dem modebegeisterten Mann. In der
Mode ist »Schönheit« nur ein anderes Wort für Neuheit und
Wandel. Nichts bleibt, wie es ist. Der allerletzte Schrei ist nicht
mehr der tadellos sitzende Anzug, sondern der perfekt geformte Body. Am Beispiel von David Beckham wird gezeigt,
wie sich das Mann-Sein durch immer neue Stylings variieren
und gerade so durch alle Veränderungen hindurch behaupten
lässt. Von der Wollmütze bis zum Waschbrettbauch …

In *Kapitel 3* geht es um die Frage, ob Schönheit bloß eine
Frage des Geschmacks ist – und wenn ja, warum die meisten
trotzdem immer das Gleiche »schön« finden. Immanuel Kant
und Arthur Schopenhauer coachen den Leser bei der Beurteilung von Schönheit. Denn ästhetisches Urteilsvermögen hat
man nicht einfach – man muss es erwerben. Bilder von Albrecht
Dürer, Peter Paul Rubens und anderen Größen der Kunstgeschichte sensibilisieren für die Vielfalt menschlicher Schönheit:
die klassische, die barocke, die magische und die modische …

Die *Gebrauchsanweisung I* gibt noch ein paar zusätzliche
Inspirationen zur Kunst des guten Aussehens. Wenn die äußere
Schönheit nicht frühzeitig verblühen soll, muss sie von innen
heraus kultiviert werden: durch Anmut, Stil und Haltung.   15

Der *zweite Teil* beleuchtet die seelischen Wurzeln von Schönheit und Attraktivität. Im Alltag liegt Schönheit oft im Blickwechsel zweier Menschen, in der gegenseitigen erotischen Anziehung. Die Frage ist nur: Wann ist es wirklich innere Schönheit, die uns in ihren Bann zieht – und wann ein Charisma, das einer kranken Psyche entspringt?

In *Kapitel 4* prallen zwei Welten aufeinander: der platonische Eros und der Porno-Kitsch von TV-Ikone Daniela Katzenberger. Der Leser kann selbst testen, wo seine Präferenzen liegen: bei der sexy Oberfläche oder in den geistigen Tiefen der Erotik. Er soll selbst entscheiden, in welche Schublade er sich stecken möchte – zu den Platonikern, den Pseudo-Erotikern oder den Kitsch-Fanatikern …

In *Kapitel 5* geht es um die Frage, warum gerade die unnormalsten, exzessivsten Leute eine so ungeheure Sogkraft auf uns ausüben: die Diven. Die überirdische Ausstrahlung großer Stars wie Marilyn Monroe oder Romy Schneider, die zeitlebens am Rand eines Abgrunds zu wandeln schienen, ist legendär. Beruht ihre überirdische Ausstrahlung auf einer psychiatrischen Störung? Oder haben wir es mit der Faszination des Schrecklichen zu tun – dem von Edmund Burke so genannten Erhabenen? …

Kapitel 6 widmet sich den schönen Lügnern. Von Adolf Hitler bis Silvio Berlusconi gibt es immer wieder Menschen, die ihre Macht nutzen, um die Wirklichkeit nach ihren Wünschen zu formen. Auch jenseits der Politik stehen das makellose Image, die berauschende Inszenierung und der rhetorische Effekt hoch im Kurs. Berufsbezogene Persönlichkeitstrainings, die lehren, wie man »Human Branding« betreibt, sich »in die Köpfe der Menschen« redet oder eine »Umsatzmaschine« wird, sind nicht so harmlos, wie sie scheinen …

Die *Gebrauchsanweisung II* gibt Empfehlungen zur Seelenpflege. Wenn wir unser Charisma stärken wollen, sollten wir nicht bloß unsere geistigen und moralischen Anlagen fördern, sondern auch unsere Neigungen zu Triebhaftigkeit und Rausch. Ein bisschen mehr Sinnlichkeit, die Herrschaften!

Hinter dem Wunsch, gut auszusehen, verbirgt sich stets die Hoffnung auf Glück. Wer meint, eine aufgespritzte Oberlippe sei die Voraussetzung, irrt. Der *dritte Teil* erklärt, warum der Königsweg zum schönen, sinnvollen, glücklichen Leben nicht in der ästhetischen Chirurgie, sondern in unseren Gehirnwindungen liegt. Es wird gezeigt, wie die Macht der Gedanken es uns ermöglicht, »schön« zu leben – in guten wie in schlechten Zeiten.

Kapitel 7 enthüllt das wichtigste Geheimnis des schönen Lebens: die Kunst, im Hier und Jetzt zu sein. Ziel ist, sich von seinen Sorgen nicht stressen zu lassen, sondern jeden Moment so, wie er ist, freudig zu akzeptieren. Die Lehren der Epikureer und Stoiker animieren dazu, sich von Ohnmachtsgefühlen zu befreien und das Ruder des eigenen Lebens selbst in die Hand zu nehmen …

Kapitel 8 demonstriert am Beispiel Michel de Montaignes, dass man es auch nach schweren Schicksalsschlägen »schön« haben kann – solange man über sich selbst und die eigene Intelligenz auch mal lachen kann. Wer geistreich durchs Leben geht, muss nicht verkopft sein. Eine gute Portion Unvernunft hat noch niemandem geschadet. Genauso wenig, wie im Krankenbett Austern zu schlürfen …

Kapitel 9 zeigt, wie wir uns von unserer mentalen Übersteuerung befreien können. Niemand zwingt uns, unsere Verstandesleistung aufs Analysieren, Bewerten und Berechnen zu beschränken – außer uns selbst. Der Leser wird von Pyrrhon, Zhuangzi und Laozi (Lao-tse) dazu animiert, seinen Geist zu »entleeren« und sich in kindlicher Unvoreingenommenheit zu üben. Ein Leben, in dem man ständig mit zusammengebissenen Zähnen und geballten Fäusten herumrennt, kann schließlich kaum »schön« genannt werden …

Die Logik des schönen Lebens ist kein alter (philosophischer)

Hut. Was die Lebenskunstphilosophen vor Urzeiten erdachten, steht im Einklang mit Lehren moderner Psychologen wie Albert Ellis und Aaron T. Beck: Glück ist keine Sache des Zufalls, sondern der richtigen geistigen Einstellung. *Gebrauchsanweisung III* zeigt, worauf es dabei ankommt.

I

Körper

*»Nur äußerst kurze Zeit kann der menschliche Körper
schön genannt werden.«*

JOHANN WOLFGANG VON GOETHE

1 »Tits on Sticks«:
Warum Frauen schön sein wollen

Seit 1968 ist viel geschehen. Die moderne Frau ist nahezu vollständig emanzipiert. Sie kann sich aussuchen, auf welche ihrer
zahlreichen Errungenschaften sie am stolzesten sein möchte.
Egal, welchen Weg sie geht: Sie muss sich nichts mehr gefallen
lassen, nichts und niemand kann ihr etwas anhaben. Fast nichts.

Moderne Frauen wissen um ihre Qualitäten. Nur wenn es
um ihren Körper geht, versiegen die Quellen ihres Selbstwert-
gefühls schlagartig. Die natürlichen Feinde moderner Frauen
sind der Badezimmerspiegel und die Waage. Die Frauen, denen es egal ist, wie breit ihre Hüften sind und wie viele Ein-
buchtungen sich auf ihren Oberschenkeln befinden, sind entweder mit einer beneidenswerten Wurstigkeit gesegnet oder
gehören der künstlerischen Avantgarde an. In jedem Fall stellen sie eine unerhebliche Randgruppe dar. Alle anderen stehen
unter dem ständigen Druck, gut aussehen zu müssen. Die wenigsten Frauen entscheiden sich heute für eine Heimchen-am-
Herd-Existenz. Die ehrgeizigsten und mutigsten unter ihnen
werden Vorstandsvorsitzende, Konzernlenkerinnen, Bundes-
kanzlerinnen und Friedensnobelpreisträgerinnen. Aber all ihre
Erfolge können sie nicht dazu bringen, auf den selbstkritischen
Blick in den Spiegel zu verzichten. Nicht in einer Welt, in der
Bilder mehr zählen als Worte.

21

Diese Welt ist der Planet des Menschen, des merkwürdigsten aller Lebewesen. Merkwürdig nicht nur, weil er es trotz seines erstaunlichen Intellekts immer wieder schafft, Zigtausend Tonnen Öl im Meer zu versenken und riesige Landstriche mit Radioaktivität zu verseuchen. Sondern auch, weil er aus rätselhaften evolutionären Gründen Schönheit mit *Weiblichkeit gleichsetzt*. Denken wir an die Herrlichkeit des Pfaus, des Erpels und des Löwen. Im Tierreich ist stets das Männchen das schöne Geschlecht. Es ist Aufgabe des männlichen Tiers, schön zu sein, während das weibliche Tier wählen darf, welchen der prächtig ornamentierten Kerle es mit nach Hause nimmt. Beim Menschen ist es umgekehrt. Egal, wie ein Mann aussieht, ob er einen klar definierten Waschbrettbauch besitzt oder eine birnenförmige Ausstülpung vor sich herträgt: Er hat die Wahl, und sie hat schön zu sein.

Das Rätsel der Schönheit

Aber was bedeutet das überhaupt: schön? Dass Frauen unter ihrer grobporigen Haut leiden, dass sie eine Diät nach der anderen machen oder über eine Lidstraffung nachdenken, heißt noch lange nicht, dass sie auch wissen, was schön ist. Sie wissen nur, dass sie unzufrieden sind. Ihre Unzufriedenheit hängt nicht unwesentlich mit der Inflation computerbearbeiteter Bilder zusammen. Moderne Frauen haben es mit vielfältigen Herausforderungen zu tun, zum Beispiel dem Mathematikproblem ihres Kindes oder der psychopathischen Teamleiterin in ihrer Abteilung. Doch als wäre das nicht genug, werden sie ständig und überall mit retouchierten Augenpartien in hoher digitaler Auflösung bombardiert. Kaum schlagen sie nichts ahnend eine Zeitschrift auf, kaum steuern sie in friedlicher Absicht auf das Wartehäuschen einer Bushaltestelle zu, springt ihnen ein virtuelles Wesen mit überdimensional lan-

gen Beinen entgegen, das sich in ihrem Unbewussten breit-
macht.

Trotz gegenteiliger Behauptungen der Trendforschung
(s. Einleitung) haben Jugendlichkeit und Langbeinigkeit als
Fundamente des aktuellen Schönheitsideals längst nicht aus-
gedient. Dieses Ideal manifestiert sich typischerweise in drei
Varianten:

- *Look 1:* ein weiblicher Oberkörper mit gut entwickelten
  Brüsten und prallen Lippen auf dem Unterkörper eines zwölf-
  jährigen Jungen (abzüglich äußerer Geschlechtsmerkmale)
  mit schmalen Hüften und schmalem Po; von einschlägig bekannten amerikanischen Schönheitsexperten auch liebevoll
  als »Tits on Sticks« (Titten auf Stielen) bezeichnet
- *Look 2:* eine Kombination aus barbiehafter Stupsnase, großen Augen, hoher, runder Stirn (»Kindchenschema«), blon-
  der Mähne und ausladender Büste; dazu schlanke, durchtrainierte Gliedmaßen
- *Look 3:* die präpubertäre, ausgemergelte Topmodelfigur

Die Chance eines jungen Mädchens, so auszusehen wie ein mit
Photoshop bearbeitetes Topmodel, liegt bei etwa 0,1 Prozent.
Die Wahrscheinlichkeit, dass eine vierzigjährige Frau, die zwei
Kinder auf die Welt gebracht hat, um sechs Uhr aufsteht, von
neun bis zwei hochkonzentriert am Schreibtisch sitzt und den
Rest des Tages Hausaufgaben betreut, Geburtstage organisiert,
einkauft, wäscht, kocht und sich anschließend, schon ziemlich
entkräftet, um einen liebevollen Dialog mit ihrem ebenso aus-
gepowerten Mann bemüht, so aussieht, liegt bei nahe 0 Prozent.
Die Wahrscheinlichkeit, dass dieselbe Frau ihre Figur an Look 1,
2 oder 3 misst, *obwohl* sie weiß, dass dieser Vergleich schwach-
sinnig ist, ist da schon viel höher. In diesem absurden Verhalten
spiegelt sich nichts anderes als die allgemeine grausame Tendenz unserer Medienkultur, das Äußere einer normalen Frau 23

Cindy Crawford in einem Fitness-Video von 1999

nicht als normal, sondern als hässlich einzustufen. Was es sehr schwer für sie macht, ihren Körper, so, wie er ist, klaglos zu akzeptieren, und erst recht, schön von hässlich zu unterscheiden.

Was ist schön? Nehmen wir Cindy Crawford, das wohl berühmteste Supermodel der 1980er- und 90er-Jahre. Ganz klar: Die meisten bewundern ihren immer noch schönen, weil jugendlich schlanken und durchtrainierten Körper. Vor nur etwas mehr als hundert Jahren wäre unser Urteil ganz anders ausgefallen. Wir hätten sie wegen ihrer kränklichen Magerkeit und hervortretenden Sehnen bemitleidet und ihr aufblasbare Gummiprothesen für Hüften und Po empfohlen. Denn damals, vor dem Ersten Weltkrieg, hieß »schön« nichts anderes als »üppig«: reife, riesige Brüste, riesige, von Cellulitis gezeichnete Schenkel.

Ist Schönheit also bloß eine Konvention, eine Mode (s. Kap. 2)? Oder gibt es doch objektive Maßstäbe für schön und hässlich? Und wenn ja: Wer besäße die rechtmäßige Autorität, solche Maßstäbe festzusetzen? Heidi Klum?

Wenden wir uns zunächst an Platon (428–348 v. Chr.), der mit seinem Dialog *Hippias Major* den ersten systematischen Versuch unternommen hat, herauszufinden, worin Schönheit besteht. Protagonisten dieses fiktiven philosophischen Dialogs sind Sokrates (469–399 v. Chr.), Platons Lehrer, und der selbstgefällige Sophist Hippias. Von Sokrates gefragt, was das Schöne sei, antwortet Hippias ziemlich fantasielos: »Ein schönes Mädchen ist eine wirkliche Schönheit.« Sokrates gibt sich natürlich damit nicht zufrieden: Warum soll das Schöne ausgerechnet ein schönes Mädchen sein? Was ist mit einer schönen Stute, einer schönen Leier oder einer schönen Kanne – sind die vielleicht nicht »schön« *(kalós)?* Hippias gibt zu, dass man nicht alle Dinge in gleicher Weise als schön betrachten kann – und schließt daraus, dass es da wohl irgendwo eine Rangordnung geben muss. Eine solche Rangordnung des Schönen wäre, meint Sokrates, allerdings abhängig vom jeweiligen Standpunkt. Das Schöne kann hässlich sein und das Hässliche schön – es kommt ganz auf die Perspektive an: Eine schöne Göttin ist mit Sicherheit schöner als ein schönes Mädchen … Allmählich wird Hippias klar, dass es Sokrates gar nicht darum geht, irgendwelche *Beispiele* für »schön« zu finden. Sondern darum, das allgemeine Wesen oder (wie Platon später schrieb) *die Idee* der Schönheit (s. Kap. 4) zu bestimmen, die allem, was wir schön nennen, zugrunde liegt. Laut Sokrates ist die Idee des Schönen unabhängig von dem, »was die meisten Menschen für schön halten«. Etwas, das objektiv betrachtet gar nicht schön *ist,* kann ja sehr wohl subjektiv schön *scheinen.* Er bezweifelt, dass man sich in dieser Sache je einigen wird: »Oder verhält es sich … nicht so, dass … über nichts mehr Streit und Kampf stattfindet als gerade hierüber, sowohl in den persönlichen Beziehungen der Einzelnen zueinander wie im öffentlichen Leben der Staaten?«

Laut Sokrates kann das Wesen des Schönen niemals gleichbedeutend mit Konventionen, Bräuchen oder Moden sein. Wenn

»schön« etwas sein sollte, was einer Sitte gemäß passend oder schicklich ist, müsste es ja auch »immer von allen dafür gehalten werden«. Das aber ist offensichtlich nicht der Fall (denn es gibt durchaus Leute, die Cindy aus Marzahn attraktiver finden als Cindy Crawford). Nachdem weitere Definitionsversuche gescheitert sind, schlussfolgern Hippias und Sokrates, dass das Schöne eben schwer zu begreifen sei.

Ganz anders sehen es die modernen Attraktivitätsforscher. Sie setzen theoretischen Grübeleien spezielle Softwareprogramme entgegen, die menschliche Schönheit messbar machen sollen. Historisch betrachtet ist dieses Vorhaben wenig originell. Bereits im 6. Jahrhundert v. Chr. kam die Philosophieschule des Pythagoras (570 v. Chr. – mind. 510 v. Chr.) zu dem Ergebnis, dass alles, was schön ist, eine Frage des »richtigen Maßes« sei. Für die Pythagoreer beruhte Schönheit auf der Wahl der *Proportionen* und der rechten Anordnung der einzelnen Teile zu einem stimmigen Ganzen. Das Gesetz des Schönen, glaubten sie, liege in der Mathematik: Das Schöne lässt sich in exakten Zahlenverhältnissen ausdrücken – wie der harmonische Klang von Tönen und die Proportionen der Intervalle in der Musik, die Symmetrie in der Architektur oder die Ordnung des Kosmos insgesamt.

Platon fand diese Vorstellung beeindruckend – so sehr, dass er die kosmischen Proportionen in seinem späteren Werk *Timaios* auf den menschlichen Körper übertrug. Im *Timaios* beschreibt er den Menschen als ein symmetrisch geordnetes Ganzes, das den Kosmos »proportional«, »maßstäblich« abbildet, eine aus Körper, Seele und Vernunft zusammengesetzte Einheit. Der Mensch ist gut *(agathón),* weil er schön *(kalós)* ist, und er ist schön, weil seine Schönheit auf Proportionalität beruht.

Obwohl die Attraktivitätsforschung ebenso wie Platon der Erkenntnis der Pythagoreer zustimmt, dass Schönheit wesentlich mit den richtigen Proportionen zu tun hat, also letztlich eine Sache der Mathematik ist – *die* eine (vermutlich hoch komplizierte und endlos lange) Schönheitsformel ist bis heute nicht gefunden. Bisher sträubt sich Schönheit gegen jeden Versuch, ihr durch wissenschaftliche Analysen auf die Schliche zu kommen. Alles, was man sagen kann, ist, dass ein symmetrisches, jugendlich-ebenmäßiges, mathematisch durchschnittliches Gesicht (Heidi Klum) überzufällig häufig als attraktiver empfunden wird als eines, bei dem das »rechte Maß« verfehlt wurde (Margaret Thatcher). Man kann Schönheit messen, aber nicht sagen, woraus sie sich zusammensetzt. Man erkennt sie erst, wenn man sie vor sich hat. Was schön ist, bewirkt in jedem Fall die emotionale Reaktion: »*Schön!*« Was so viel heißt wie: »Egal, was es ist – ich will ganz nah dran sein, ich will es haben, ich will ein Teil davon sein!«

Wir halten fest: Die meisten Frauen wollen schön sein, auch wenn niemand ganz genau weiß, was das bedeutet. Es stellt sich die Frage: *Warum?* Warum hat die moderne, vom Verdienst des Mannes immer unabhängigere Frau sogar oft das Gefühl, schön sein zu *müssen?* Die drei eng ineinander verzahnten Hauptgründe sind:

MACHBARKEIT: Ein schönes Äußeres verspricht positive Charaktereigenschaften. Es ist kein Geheimnis, dass schöne Menschen als kompetenter und wertvoller wahrgenommen werden und sehr oft erfolgreicher sind als weniger schöne. Im Beruf wie in der Liebe. Die Vorstellung der altgriechischen Philosophie, dass das Schöne und das Gute eine Einheit bilden, dass es eine vollendete Übereinstimmung von Schönheit und Güte gäbe – die *kalogathia* (s. Teil 2 und 3) – ist nicht im Geringsten veraltet. Im »offiziellen Magazin« (Ausgabe Mai 2011) zu Heidi Klums Castingshow *Germany's next Topmodel* findet sich in den Selbstdarstellungen der Kandidatinnen alles, was ein edles Gemüt ausmacht: Zuverlässigkeit, Einfühlungsvermögen, Familienorientiertheit, Optimismus, Geduld, Ausgeglichenheit, Wissensdurst, Ausdauer und Disziplin. So bekräftigt die »kontaktfreudige Jill« aus Stuttgart: »Bei mir stimmt nicht nur das Äußere, sondern auch das Innere.« Als Topmodelkandidatin kann sie sich auf dieser naturgegebenen Ausstattung freilich nicht ausruhen. Das Gute kann nie gut genug und nie schön genug sein – sie muss alles geben, um es zu verbessern. In der klumschen Tyrannei zählt nur eins: Leistung. Die sogenannten »challenges« (Herausforderungen) sind nichts anderes als moralische Prüfungen, die dazu dienen, die Willenskraft der Kandidatinnen zu testen: Nur wer stundenlang, mit einem Hauch von Bikini bedeckt, lächelnd in klirrender Kälte auszuharren vermag, nur wer in der Lage ist, furchtlos unter einer Tarantel zu posieren, nur wer sich bereitwillig die geliebte Wallemähne stutzen lässt – nur der bleibt im Rennen.

In *Germany's next Topmodel* spiegelt sich das Credo unserer Zeit: *Schönheit ist machbar. Sie ist eine Leistung, kein Geschenk.* Was nichts anderes heißt als: Wer nicht bereit ist, für die eigene Schönheit eine Leistung zu bringen oder in Anspruch zu nehmen, nimmt es in Kauf, hässlich zu bleiben. Mehr noch: Wer sich als unwillig erweist, an der eigenen Schönheit zu arbeiten, sein Haar aufhellen zu lassen und die überflüssigen Kilos abzutrainieren, verhält sich überdies unmoralisch. Denn er – oder vielmehr sie – verzichtet darauf, sein wahres, gutes, eigentliches »Ich« zum Vorschein zu bringen. Sie lässt es unter einer mehr oder weniger dicken Fettschicht einfach ersticken. Selbst schuld, wenn sie Komplexe hat. So gesehen sind die hysterischen Heulkrämpfe gescheiterter *Topmodel*-Kandidatinnen durchaus berechtigt. Sie machen überdeutlich, was in dieser Welt sowieso längst selbstverständlich ist: der Glaube, gutes Aussehen sei das Ticket zu einem guten Selbstwertgefühl. Und folglich zu einem guten Leben insgesamt.

Der Verinnerlichung dieses Glaubens gehen zumeist massive Schockerlebnisse voraus. Typisch ist der Schock, den moderne Frauen erleiden, wenn die Schwiegermutter ihnen ungefragt ein Serum schenkt. Ein Serum! Was nur ein Zeichen dafür sein kann, dass eine Creme nicht mehr ausreicht, um der weit fortgeschrittenen Faltenbildung Einhalt zu gebieten, dass die Haut mit einer extrahohen Wirkstoffkonzentration penetriert werden muss, um sie zu retten. Ein böses Erwachen kann es auch dann geben, wenn Frauen – nur zum Spaß – gemeinsam eine Kosmetikabteilung aufsuchen. Plötzlich findet sich eine von ihnen auf einem lederbezogenen Hocker wieder, plötzlich stochert ihr eine sogenannte Beautyexpertin mit einem sogenannten *Concealer* im Gesicht herum und ruft alle drei Sekunden ekstatisch: »Viel besser!« Während die Freundin jauchzend einstimmt: »*Wirklich* viel besser!« Was natürlich nur bedeuten kann: Erkenne, dass es an der Zeit ist, deine hässlichen Augenringe mit einer beigen Paste zu bedecken!

Solche und ähnliche Episoden können eine tiefe Verunsicherung auslösen, die weder durch teure Kosmetika noch durch sportliche und diätetische Maßnahmen rückgängig zu machen ist. Kein Wunder, dass immer mehr Frauen zu härteren Methoden greifen: Schönheits-OPs. Warum auch nicht? Solche Praktiken haben schließlich eine lange Tradition. Im alten China brachen Frauen ihren Töchtern die Fußkochen, banden die Füßchen und ließen sie verfaulen, bis sie die ideale »Lotus«-Form erreicht hatten (etwa Schuhgröße 19), um die Anerkennung des künftigen Bräutigams zu sichern. Im modernen Deutschland brechen Chirurgen ihren Patientinnen die Nase, bleichen ihre Zähne, saugen ihnen am Gesäß Fett ab, setzen es im Gesicht wieder ein und spritzen ihnen Nervengift, um ihr Selbstwertgefühl zu stabilisieren. Der Unterschied ist gar nicht so groß. Schönheit ist machbar, und was machbar ist, wird gemacht.

NARZISSMUS: Die klinische Diagnose »narzisstische Persönlichkeitsstörung« beschreibt einen Menschen, dessen Selbstwertempfinden zwischen Größenwahn und Minderwertigkeitsgefühlen hin und her schwankt. Der Narzisst ist extrem selbstbezogen, lebt in ständiger Sorge um sein Aussehen, sein Ansehen und seinen Wohlstand. Er tut alles, um die Bewunderung und Anerkennung anderer zu bekommen, bemüht sich um ausgezeichnete Leistungen, erkämpft sich einflussreiche Positionen, schafft Abhängigkeiten. Und er ist stark eingenommen von Fantasien grenzenlosen Erfolgs, grenzenloser Liebe und grenzenloser Schönheit.

Narzissmus bezeichnet aber nicht nur das pathologische Verhalten Einzelner, sondern auch eine psychokulturelle Epidemie, die, ausgehend vom Land der unbegrenzten Möglichkeiten, den ganzen Globus erfasst hat. Der Kult um das eigene Selbst, das nie perfekt genug sein kann, das endlos verbessert, therapiert und operiert werden will, boomt von Berlin bis Tokio. Wozu die öde Realität, wenn es sich mit Fantasien so viel besser leben lässt? Mit dem Unterschied zwischen Sein und Schein muss man es ja nicht so genau nehmen. Angesichts satter Wachstumsbilanzen sind ein paar Trillionen Staatsschulden völlig unerheblich. Alles ist möglich. Wozu ewig auf das Eigenheim sparen, wenn man durch einen günstigen Kredit sofort den Hausbesitzer geben kann? Wozu sich die Mühe machen, eine Doktorarbeit selbst zu schreiben? Hauptsache: Exzellenz! Heute kann jedes Kind ein Superstar sein und jede Frau ein Topmodel. Wo ein Wille ist, ist auch ein Weg.

Die besten Beispiele für den Siegeszug des Narzissmus sind Menschen wie Boris Becker, David Beckham (s. Kap. 2) oder Paris Hilton: »Celebrities«, die weniger aufgrund ihrer Fachkompetenz, sondern vor allem wegen ihrer selbstdarstellerischen Befähigungen ein phänomenales Aufmerksamkeitsprivileg genießen. Die grenzenlose Beachtung ist ihnen sicher. Man kann sie ständig hören und sehen, immer und überall winken sie uns zu und lächeln uns entgegen. Die Celebrities sind Meister darin, gute Laune zu verströmen, indem sie Öffentliches mit Privatem vertauschen und Schein als Sein verpacken. Sie zeigen uns, wie man sich stetig zum Besseren, Höheren wandelt, das »Ich« erst zur Marke (s. Kap. 8) und dann zum Bestseller macht. Die gelungene multimediale Inszenierung lässt jede Celebrity schön und mächtig erscheinen.

Am Narzissmus erkrankte Normalmenschen erkennen wir an ihrer Unfähigkeit, die Welt der Celebrities vom wirklichen Leben zu trennen. Sie verwechseln Macht und Schönheit mit Glück. Narzisstische Männer streben danach, sich eine Führungsposition zu sichern und sich mit einer »trophy wife« zu schmücken, einem weiblichen Beiwerk im Barbielook. Narzisstinnen hoffen auf die Heirat mit einem erfolgreichen Unternehmer und lassen sich operieren. Sie glauben allen Ernstes, *eine aufgespritzte Oberlippe sei das Tor zu einem glücklichen, sinnvollen Leben.* Das Problem ist nur: Dass Schönheit machbar ist, heißt noch lange nicht, dass auch Glück »gemacht« werden kann. Ein glückliches Leben gibt es – anders als Pushup-BHs, Kosmetika und Nasen – nicht von der Stange. Leider ist diese Erkenntnis Narzisstinnen nicht zugänglich. Narzisstinnen sind süchtig nach Glück, sie können nie glücklich genug sein. Dabei ist es ihnen egal, welchen Preis sie für ihr Glück zahlen müssen und wie echt es ist, genauso wie es ihnen egal ist, wie echt sie selbst sind. Was Glück ist, bestimmt eine augenblickliche Laune. Und was »schön« ist, bestimmt der (meist männliche) Operateur: nämlich das, was künstlich erzeugt wird. Künstliche Brüste sind teuer, bewirken aber noch lange kein glückliches Leben. Also wird nachoperiert. Es werden Falten ausgemerzt und Haarverlängerungen angebracht. Je mehr Zeit vergeht, desto mehr Mängel müssen behoben werden. Anstatt des Glücks werden die Minderwertigkeitsgefühle immer größer. Das Endergebnis ist nicht schön: eine bewegungslose, ausdruckslose, austauschbare Maske, deren Oberfläche einer spiegelglatten Skipiste ähnelt (wie Ernest Hemingway einst die rekonstruierten Gesichter von Kriegsversehrten beschrieb) …

ANGST: Im Zeitalter der Globalisierung bleibt nichts lange so, wie es ist. Vermeintlich sichere Jobs werden über Nacht ausradiert. Technologien sind in dem Moment, in dem sie auf den Markt kommen, schon wieder veraltet. Wenn man in dieser Welt bestehen will, darf man keine Angst zeigen, sondern muss sich ständig neu erfinden. Man muss beweisen, dass man allzeit flexibel, verfügbar, marktfähig ist. Schlappmachen gilt nicht. Man darf sich nicht gehen lassen, man muss fit bleiben. Sonst wird man ausgemustert. Aber so sehr man sich auch bemüht, mit der Veränderung Schritt zu halten, der jugendliche Elan währt nicht für immer. Irgendwann erinnert einen der eigene Körper daran, dass man nicht ewig durchpowern kann. Dass die Kräfte irgendwann nachlassen. Dass man sterblich ist. Das Gute ist: Man kann die Degeneration verlangsamen, indem man hart trainiert und sich Botox injizieren lässt. Man hat die Möglichkeit, schöner, jugendlicher und leistungsfähiger zu wirken, als man tatsächlich ist. Die Losung: *Ein schönes, jugendliches Aussehen ist das beste Mittel gegen die Angst vor dem Verfall* gilt nicht erst seit heute. Aber heute gilt sie mehr denn je. Wer einen Concealer benutzt, muss kein Narzisst sein. Vielleicht hat er/sie einfach nur Angst. Angst vor dem fünfzigsten Geburtstag, Angst vor dem Outsourcing. Wer in eine Lidstraffung investiert, versucht vielleicht nur, seine Zukunft zu sichern. Man lässt sich verschönern, weil man schlicht Angst hat, seinen Job an eine Horde Jüngerer zu verlieren.

Was in der Arbeitswelt gilt, gilt auch im Leben insgesamt: Wir wollen nicht nur, dass man uns unsere Jugendlichkeit ansieht. Wir wollen auch dafür bewundert, beneidet und gelobt werden. Wir wollen, dass man uns auf die Schulter klopft und ermutigt: »Du hast noch so viel Zeit, um ein Buch zu schreiben/nach Indien auszuwandern/Mutter bzw. Vater zu werden. Dein Erwachsenenalter liegt noch vor dir. Du bist ja noch so jung!« Weil wir uns mit vierzig fühlen wie höchstens fünfundzwanzig und mit fünfzig wie dreißig, können wir einfach nicht glauben, was der Spiegel uns zeigt. Haben wir uns nicht gerade neu verliebt? Haben wir nicht gerade eine neue Ausbildung begonnen? Warum sehen wir dann so alt aus? Irgendwann müssen wir uns eingestehen, dass wir in diesem Leben vielleicht nicht mehr den Ärmelkanal durchschwimmen und kein eigenes Kind mehr bekommen werden. Dass es in dieser hypermodernen Hightechwelt überhaupt noch so etwas gibt: Endlichkeit, Sterblichkeit, Tod – was für ein Anachronismus!

In dieser Welt, die sich einerseits rasend schnell verändert und andererseits jeden Gedanken an die Vergänglichkeit systematisch verdrängt, ist die Angst vor dem Verfall für alle ein Thema – am allermeisten aber für die moderne Frau. Denn es ist Frauensache, den Alterungsprozess – und damit das Schwinden der Schönheit – aufzuhalten. Niemand würde auf die Idee kommen, Keith Richards durch ein Facelifting seiner Authentizität zu berauben (nicht, solange er auf der Bühne herumspringt wie ein Vierzehnjähriger). Die moderne Frau dagegen hat gefälligst bis ins Rentenalter vorzeigbar zu bleiben.

Natürlich ist dies bisher keiner einzigen Frau gelungen. Auf die Fruchtlosigkeit aller Konservierungsversuche weisen auch viele Meisterwerke der Kunstgeschichte hin. Besonders gemein ist **Hans Baldung Griens** (1484/85–1545) Gemälde **Die drei Lebensalter und der Tod** von 1510. Darauf sehen wir, wie der Tod eine Sanduhr über das Haupt einer blonden Schönheit hält. Nur um sie daran zu erinnern, dass ihre strahlende Haut bald welk wird, dass ihre knospenden Brüste schon bald dem Gesetz der Schwerkraft unterliegen werden.

Heute muss man keiner Frau mehr mit der Sanduhr drohen, die unendliche Auswahl an Kosmetikprodukten sind ihr Drohung genug. Aber egal, wie viele Peelings sie über sich ergehen lässt, sie kann die Zeit nicht zurückdrehen. Auch wenn ihr Gesicht am Ende glatt und glänzend ist wie eine Skipiste, es ist nie mehr das eines jungen Mädchens.

Hans Baldung Grien, Die drei Lebensalter und der Tod, 1510

Die Zeit vergeht, und mit ihr die Jugendlichkeit. Alterungserscheinungen wie Falten, Gewichtszunahme oder erschlaffendes Bindegewebe sind nicht einfach Überbleibsel einer ungesunden, unsportlichen Vergangenheit. Sie sind keine Probleme, die wir tunlichst »bearbeiten« müssten. Sie sind eine Tatsache. Eine ständige Mahnung, nicht zu viel unserer Lebenszeit vor dem Spiegel und auf der Waage zu verplempern. Eine Erinnerung daran, dass wir den Kampf um das gute Aussehen am Ende sowieso verlieren werden. Na und? Schon Platon wusste schließlich: Schön sind nicht nur schöne Mädchen … → *Kapitel 2*

2   Schön modisch: Warum Männer Wollmützen tragen und ihre Brust entblößen

Für den menschlichen Körper gilt: Schönheit ist weiblich. Verglichen mit der körperlichen Ausstattung der Tiere eine enorme Anomalie, wie bereits der Evolutionstheoretiker Charles Darwin (1809–1882) in seinem berühmten Werk *Die Abstammung des Menschen und die sexuelle Selektion* feststellte. Aber gibt es nicht auch schöne Männer? Was ist mit David Beckham? Und stand nicht schon Platon auf hübsche Jünglinge?

Die griechische Mythologie kennt viele schöne männliche Götter und Helden: Apoll, Achill, Hektor oder Odysseus. Deren Schönheit ist allerdings nur ein Anhängsel, das mit moralischen Eigenschaften wie Tapferkeit, Klugheit, Erfindungsreichtum, Gerechtigkeit und Güte konkurriert. Im echten Sinne schön – und ansonsten völlig eigenschaftslos – sind nur zwei: Adonis und Narziss. Beide Götter finden den Tod, bevor sie erwachsen werden: Narziss stirbt, weil er sich von der verführerischen Spiegelung seiner selbst in einem Teich nicht mehr losreißen kann, Adonis erwischt es bei der Begegnung mit einem Eber, der ihn, als er ihn mit den Zähnen liebkosen will, versehentlich tötet. Beide bestechen weniger durch ihre Abenteuer, Kämpfe, Taten und Leidenschaften als durch ihre Erscheinung. Durch jugendliche Körper mit zarter, an den Wangen leicht   37 geröteter Haut und flaumig-lockigem Haar, die denen junger Mädchen ähneln.

Nicht nur die Mythologie, auch die bildende Kunst der Antike (s. Kap. 3) lehrt: Männer sind schön, wenn die Männlichkeit nicht voll durchgeschlagen hat – wenn das Testosteron die weiblichen Anteile nicht völlig verdrängt hat. Das wohl legendärste Beispiel unserer Zeit ist David Beckham. Der »metrosexuelle« Superman besticht nicht nur durch die Muskelmassen, die er im Laufe vieler Fußballturniere angehäuft hat, sondern vor allem auch durch seine femininen Gesichtszüge. Was wäre David ohne sein Näschen, ohne seinen fein konturierten Amorbogen? Würde ein Attraktivitätsforscher Beckhams Gesicht digital »vermännlichen« und ihm ein kräftigeres Kinn, markantere Wangenknochen und dickere Stirnwülste verleihen, wäre die ganze Anziehungskraft dahin!

Es bleibt dabei: Schönheit ist weiblich, auch beim Mann. Schöne Männer sind selten – die wenigsten werden als Adonis geboren. Das ist auch gar nicht nötig. Was vom modernen Mann in der Regel erwartet wird, ist nicht natürliche Schönheit. Sondern die Einsicht, dass Sandalen ohne Socken zu tragen und Gürtel unterhalb des Bauchnabels zu schließen sind. Kurz: Ein Mann sollte etwas von Mode verstehen! Zumindest in der Mode herrscht noch so etwas wie ein demokratisches Prinzip: Kein Geschlecht darf sich ihrem Gesetz entziehen. Wie der große Rationalist und Aufklärer Immanuel Kant (1724–1804) schrieb: »Besser ist es aber doch immer, ein Narr in der Mode als ein Narr außer der Mode zu sein.«

Die Wollmütze: Mode als Massenwahn

Kant liebte Seidenhemden und Schuhe mit silbernen Schnallen. Doch der Königsberger Philosoph, der die modebewussten Hofleute seiner Zeit »Windbeutel« nannte, war nicht das erste *fashion victim*. Der Ursprung der Mode als Massenphänomen liegt im Paris der 1670er-Jahre, als Ludwig XIV. (1638–1715) die Luxusindustrie erfand. Die große Modeinspiration der Epoche war der Freibeuter Jean Bart, der Dünkirchen gegen die Engländer verteidigt hatte. Damals war es der großzügig interpretierte Marinelook für den Herrn, bestehend aus einem gefiederten Hut, einem sinnlich drapierten Halstuch und einer Taschenuhr, der die Männerwelt in Entzücken versetzte. Heute ist es David Beckham. Aber nicht sein schönes Gesicht macht ihn zum modischen Vorbild – sondern seine Wollmütze.

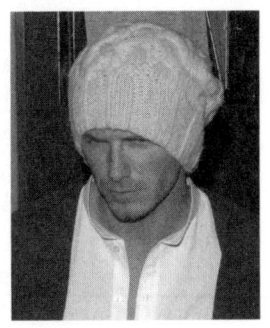

David Beckham mit Beanie, 2007

Seit David auf die merkwürdige Idee kam, mit einer übergroßen Wollmütze – in Fachkreisen auch Beanie genannt – herumzurennen, ist nichts, wie es war. Die männliche Wollmützenbegeisterung ist kaum mehr zu bremsen. Inzwischen ist diese Kopfbedeckung aus keiner Stadt mehr wegzudenken. Löste sie beim Betrachter anfangs noch ein verwundertes Schmunzeln aus, so gehört sie jetzt zum Straßenbild wie der stolze SUV-Fahrer und die gepflegte Seniorin. Ihre Eigentümer sind junge und nicht mehr ganz so junge Männer, die mittels Mütze ihre tatsächliche oder imaginierte Nähe zum Künstlertum zum Ausdruck bringen möchten. Mann trägt sie in den Trendfarben schlammgrau, rattengrau und pfützengrau. Der professionelle Wollmützenbesitzer trennt sich unter keinen

Umständen von dem geliebten Accessoire (auch nicht bei dreißig Grad im Schatten) – und beweist damit, dass Mode eine ernste Sache ist.

Die Wollmütze ist ein gutes Beispiel dafür, worum es heute in der Mode geht. Oberstes Prinzip ist nicht mehr, wie zu Zeiten des Sonnenkönigs, die Eleganz, sondern die *Neuheit*. Auch heute noch gibt es elegante Kleider, »Klassiker« wie die Ballrobe, den Blazer, den Smoking, den Cut, das kleine Schwarze und dergleichen. Aber Eleganz und Kleidsamkeit sind längst keine Grundvoraussetzung für das Modische mehr. Nach gut dreihundertvierzig Jahren ist die *Haute Couture* fast ausgestorben. Die Mode ist nicht mehr so erpicht darauf, dem Körper zu schmeicheln, aus einer Frau eine Dame zu machen und aus einem Mann einen Herrn. Ihre Prioritäten sind Veränderung, Wandel, Neuheit. In der Welt der Mode ist das Schöne stets das Neue. *Modisch gesehen sind »schön« und »neu« austauschbare Begriffe*. Alles kann modisch sein, solange es nur schön neu ist – eine Jeans, ein Smartphone, eine Halskrause, ein Zylinder (ein Phänomen, das auch schon Kant hinlänglich bekannt war).

In historischer Hinsicht ist der Begriff des Neuen selbst relativ neu: Er stammt aus dem 18. Jahrhundert, als sich die radikal neue, von der französischen Aufklärung geprägte Moderne über die Traditionen und Kontinuitäten vergangener Epochen hinwegsetzte. Kunst wurde plötzlich mit ganz anderen Augen gesehen. Erst recht im 19. Jahrhundert, als es für die modernen Künstler und Dichter keine an antiken Vorbildern orientierte »absolute« Schönheit mehr gab, sondern nur das zeitgeistgeprägte relativ Schöne. Für sie hieß Moderne: Erneuerung, Bewegung, Übergang, Bruch mit dem Alten.

Das 19. Jahrhundert war das erste große Jahrhundert der Mode: Es markierte den Beginn der industriellen Massenproduktion. Seither ist Mode eine Art Religionsersatz geworden. 40 Der Symbolgehalt eines neuen Anzugs ist undefinierbar – aber käuflich. Das Heil, das die Mode von der Stange verspricht, liegt nicht in einem fernen Jenseits, sondern in ihrer sofortigen Verfügbarkeit. Warum lange beten, wenn man sich einen Wunsch doch genau *jetzt* erfüllen kann: durch den Kauf eines T-Shirts, einer Brille, eines seidenen Schlips? Wie der Philosoph Walter Benjamin (1892–1940) schrieb: »In diesem trockensten, phantasielosesten Jahrhundert flüchtet sich die gesamte Traumenergie einer Gesellschaft … in das undurchdringliche … Nebelreich der Mode.«

Wie sehr Mode und Moderne miteinander verwandt sind, beschrieb der französische Schriftsteller Charles Baudelaire (1821–1867) in seinem Essay *Der Maler des modernen Lebens,* in dem er über die Kunst seiner Zeit theoretisierte. Deren Schönheit sah er erstens in einem schwer zu bestimmenden Ewigkeitswert und zweitens in ihrer Aktualität: einem »von den Umständen anhängigen Element, das … die Epoche, ihre Mode, ihre Moral, ihre Leidenschaft sein wird. Ohne dieses zweite Element, das wie der unterhaltende, den Gaumen kitzelnde und die Speiselust reizende Überzug des göttlichen Kuchens ist, wäre das erste Element unverdaulich, unbestimmbar, der menschlichen Natur unangepasst und unangemessen.«

Mit Kant und Baudelaire erklärt sich, warum die Wollmütze beim Mann so großen Anklang findet: Sie ist eine unwiderstehliche, weil durch und durch flüchtige Erscheinung. Sie wird nicht als schön empfunden, weil sie (klassisch) schön ist, sondern weil sie neu ist. Oder genauer: weil sie *gerade jetzt noch* neu ist. Sobald sie nicht mehr neu ist (sobald Sie dieses Buch in den Händen halten), wird sie nur noch ein alter Hut sein. Dann wird etwas anderes an ihre Stelle treten. Der Stetson. Oder der Blumenkranz.

Seit dem 20. Jahrhundert wird das Neue immer schneller alt. Die Abstände, in denen sich die Mode ändert, werden immer kürzer. Feinripp oder Bundfalte, Gucci oder H&M. Superteuer, supergünstig – Hauptsache neu. Ferner gilt: Im Winter sein   41

Geld für *Fake-Fur*-Mäntel ausgeben und im Sommer für Bade-klamotten – wie langweilig! Wer nicht als völlig antiquiert gelten will, wartet den Saisonwechsel nicht mehr geduldig ab, sondern bedient sich zwischendurch aus der »Cruise-Collection«, einer Sommerkollektion für den Winter. Ideal, wenn man mal eben in die Tropen fliegen will.

Die jeweils neue Mode dient nicht dem Fortschritt, sondern der Abwechslung. Es geht nicht darum, immer praktischere, immer funktionalere Kleidung auf den Markt zu bringen (denken wir an die Wollmütze!). Mode folgt keinem anderen Ziel als ihrer steten Erneuerung. Aber die Kreativität hat ihre Grenzen. Je schneller sich das Modekarussell dreht, desto mehr verdrängt die Wiederholung die Innovation. Gemäß der zirkulären Logik: Man trägt kurz, weil man lang trug, und man trägt lang, weil man kurz trug. Selbst ein Genie wie Karl Lagerfeld präsentiert keine *creatio ex nihilo,* wenn er zum dreiundachtzig-tausendsten Mal ein neues Teil vorführen lässt – sondern nur eine neue Version des Altbekannten.

Der Designer von heute kombiniert Nadelstreifen mit Kimono-Elementen und Zigarettenhosen – und nennt das Ganze dann etwa »Savile Row«. Er spielt mit der Modegeschichte, wie es ihm gefällt. Wenn er Schulterpolster in Herrensakkos einnäht, recycelt er den Zeitgeist aus *Dallas* und *Denver-Clan* und weckt nostalgische Erinnerungen in uns – aber nur einen Augenblick lang. Kaum haben wir die erste Staffel *Denver* geordert, sind Schulterposter schon wieder total obsolet. Der nächste Trend steht vor der Tür.

Stellen wir die philosophische Grundfrage: Was ist der Sinn der Mode? Und warum hat sie auch für den modernen Mann so eine große Bedeutung?

Abgesehen davon, dass Mode Spaß macht, gibt es tausend Gründe, die man gegen sie anführen könnte: Sie ist ebenso schnelllebig wie inhaltsleer (oder gibt es jemanden, der im Ernst glaubt, ein T-Shirt mit dem Aufdruck »Save the Future«

sei ein politisches Statement?). Sie kostet viel Geld, schmeichelt aber nicht unbedingt. Am wenigsten, wenn es um Jeans geht. Das sackartige, in den Kniekehlen hängende »Baggy«-Modell macht noch den cleversten Jüngling zum Kretin, und die sogenannte »Röhre« ist nichts anderes als ein frauenfeindliches Instrument, das wohlproportionierte Beine wie Würste aussehen lässt. Und mindestens genauso schlimm: Mode erzeugt Gruppenzwang. Was, wie der Soziologe und Philosoph Georg Simmel (1858–1918) treffend feststellte, am »Nachahmungstrieb« des Menschen liegt: »(Die Mode) … führt den Einzelnen auf die Bahn, die Alle gehen, sie gibt ein Allgemeines, das das Verhalten jedes Einzelnen zu einem bloßen Beispiel macht.«

Kurz: Die Mode ist ein Diktator. Sie macht ihre Anhänger zu gefügigen Herdentieren, die alle in die gleiche Richtung streben, aktuell zu den Wollmützen und den Taschen mit den extralangen Riemen. Sind dann endlich alle mit den begehrten Objekten ausstaffiert, ändert sie ihre Meinung und befiehlt, dass man alles stehen und liegen lassen und in die entgegengesetzte Richtung laufen soll. Laut Simmel sind die modebewussten Individuen einerseits »unselbständig und anlehnungsbedürftig«, gieren andererseits aber nach »Auszeichnung, Aufmerksamkeit, Besonderung«. Zu Simmels Zeiten diente das »Unterschiedsbedürfnis« der Modischen noch dazu, die Zugehörigkeit zu einer (höheren) Klasse oder zu einem bestimmten Geschlecht zu signalisieren – heute dient es allein dazu, die Individualität einer Person zu unterstreichen.

Aber woran soll man diese Individualität erkennen, wenn doch alle mit den gleichen Mützen und Taschen herumlaufen? Wenn Louis-Vuitton-Bags von Horden Halbwüchsiger spazieren getragen werden und jeder Mann, der etwas auf sich hält, mit einer Rolex herumfuchtelt? Individueller Stil hat nichts mit dem gedankenlosen Griff zur Marke zu tun. Stil ist etwas »Persönliches und Schöpferisches« (Simmel), das sich 43 im Laufe der Zeit langsam entwickelt. Etwas, das mit Haltung, Lebenserfahrung und innerem Reichtum (s. Gebrauchsanweisung I) zu tun hat. Stil als Kennzeichen einer unverwechselbaren Persönlichkeit kann man nicht kaufen. Aber: Wo es leichter ist, eine authentische Louis-Vuitton-Bag zu erstehen, als an seiner authentischen Persönlichkeit zu arbeiten, muss das modische »Unterschiedsbedürfnis« ja dem Nachahmungstrieb zum Opfer fallen.

Die Tendenz, individuellen Stil mit einem bestimmten Label gleichzusetzen, können wir ruhigen Gewissens als globalen Massenwahn bezeichnen. Die Anzahl der *fashion victims* – jener Menschen, die ihre gesamte Hirnleistung auf das Ziel hin orientieren, sich in eine sogenannte Stilikone zu verwandeln – ist weltweit im Anstieg begriffen. Was durch die wie Pilze aus dem Boden schießenden Modemagazine, Modeblogs und Modenschauen noch unterstützt wird. Leider wird niemand zur Stilikone, nur weil er viel Zeit und Geld für Markennamen verschwendet. Er bestätigt mit seinem törichten Verhalten bloß Kants über zweihundert Jahre alte trockene Bemerkung über die Mode: »Diese gehört also unter den Titel der Eitelkeit, weil in der Absicht kein innerer Wert ist.«

Das Zuhause des modernen Mannes

Aber Mode ist nicht nur irgendein Spiel oder ein Wahn, nicht nur Äußerlichkeit, nicht nur irgendein oberflächlicher Schmuck, der Neuheit für Schönheit ausgibt. Mode hat auch eine existenzielle Bedeutung – besonders für den modernen Mann. Wie bitte?

Erinnern wir uns: Mode ist eng verwandt mit der Moderne, einer Epoche, die praktisch keinen Raum mehr für Muße und Faulheit lässt, die ständig nach Neuheit und Abwechslung verlangt. In Simmels Worten: »(J)e nervöser ein Zeitalter ist, desto rascher werden seine Moden wechseln, weil das Bedürfnis nach Unterschiedsreizen, einer der wesentlichen Träger aller Mode, mit der Erschlaffung der Nervenenergien einhergeht.«

Mit der Globalisierung und der Erfindung des Internets hat sich diese Tendenz deutlich verstärkt. Die heutige »Beschleunigungsgesellschaft« (Hartmut Rosa) befindet sich in einem Geschwindigkeitsrausch, der alles fortreißt, was sich ihm nicht anpasst. Was vor einer Sekunde noch neu war, ist in der nächsten schon frühes Mittelalter. Dies hat natürlich auch entscheidende Auswirkungen auf unser Verständnis von uns selbst. Auf die Frage »Wer bin ich?« eine eindeutige Antwort zu finden, wird immer schwieriger. Wenn nichts bleibt, wie es ist, weder die Moden noch die Lebensbedingungen, kann auch unser Ich nicht gleich bleiben.

Unser Ich ist ein ewiges Provisorium. Es baut die Module, aus denen es besteht, immer wieder neu zusammen und verpasst sich ständig ein neues *Styling*. Nach dem Motto: »Zeig mir deine Wollmütze/Sneakers/Apps, und ich sage dir, wer du (momentan) bist.« – »Ich« ist die spezielle Mischung aus dem, was man gerade *hat*. Einen Audi. Eine schwarze Strähne im Haar. Einen Partner. Ein iPhone. Ein Konto bei Facebook. Wer nach 1980 geboren wurde, wirft meist bloß einen kurzen Blick auf den Facebook-Account eines neuen Bekannten, und schon kann er sich ziemlich genau vorstellen, was ihn erwartet. Die Grenzen zwischen Haben und Sein, Sein und Schein, Realität und Virtualität verschwimmen zusehends. Was von dem, das schön erscheint, ist echt, was unecht?

Es ist nicht einfach, inmitten der beschleunigten Veränderungsprozesse nicht kopflos, richtungslos, ziellos – Ich-los – zu werden. Vor allem nicht für den modernen Mann. Denn auch die Geschlechterverhältnisse sind nicht mehr das, was sie waren. Der moderne Mann muss hilflos mit ansehen, wie das erstarkte weibliche Ego in Lichtgeschwindigkeit an seinem vorbeizurauschen droht. Ohnmächtig muss er abwarten, bis 45 sich die Frau herablässt zu entscheiden, ob sie nun ein Kind will oder nicht. So sehr er seine Souveränität auch zu bewahren versucht, ständig kommt ihm eine Frau in die Quere. Für den modernen Mann beginnen die Demütigungen bereits im Kindergarten. Keine männlichen Vorbilder weit und breit, nur Erzieherinnen, wohin das Auge reicht. Und hat er sich endlich – nach Mannesart – eine Topposition im Job erkämpft, heißt es: »Pflege deine *Soft Skills!* Werde kommunikativer, empathischer, sozial kompetenter, aggressionsgehemmter, achtsamer! Sei ein Mann – und benimm dich gefälligst wie eine Frau!« Erwartet seine Partnerin dann tatsächlich ein Kind, steht die härteste Prüfung bevor. Ob er will oder nicht, der moderne Mann muss mit in den Kreißsaal. Was vor Kurzem noch undenkbar war, ist jetzt plötzlich ein *must*. Plötzlich heißt es: Ein Vater, der keine Windeln wechselt, verdient den Namen nicht.

Der moderne Mann hat die Wahl, wie er sich gegenüber diesen Erniedrigungen verhalten will. Er kann den Kopf in den Sand stecken – oder sich neu erfinden. Niemand zwingt ihn, sich von den Frauen unterjochen zu lassen. Er kann neue Beziehungen mit alten Partnerinnen eingehen und eine Patchworkfamilie gründen, mit allen wechselnden Vor- und Nachteilen. Er kann sich, wenn er genug von seinem ebenso öden wie unsicheren Controller-Job hat, für Amnesty International engagieren. Oder er kann sein Businessenglisch auffrischen und für ein Jahr nach Indien gehen. Der Mann, der sich von seinen stetig wechselnden Optionen nicht verrückt machen lässt, hat mit Heraklit (535–475 v. Chr.) erkannt: »Alles fließt.« Nichts dauert an, alles wird neu. Sogar die Männlichkeit. Dauerhaft ist nur das Werden, die stete Erneuerung der Dinge. Wirklich, real, authentisch ist nur das, was nicht aufhört, sich weiterzubewegen.

Auch die Mode ist nichts anderes als Wandel. Der Mann, der ihr bloß hinterherrennt, ist ein Schaf. Der Mann aber, der mit der Ästhetik (s. Kap. 3) der Neuheit spielt, kann ihre existenzielle Bedeutung entdecken. Er kann sie nutzen, um sein Ich (in immer neuen Versionen) zu bewahren und so den dramatischen Veränderungen seiner Zeit Rechnung zu tragen. *Die Mode hilft ihm, sein Mann-Sein durch immer neue Stylings zu variieren – und so zu behaupten.* Zum Beispiel mit einer Wollmütze. Oder anders: Der moderne Mann, für den Beständigkeit nur in der Veränderung zu haben ist, kann sein »Zuhause« in der Wollmütze finden.

Werbung von Abercrombie & Fitch

Aus diesem Zuhause muss natürlich schnell wieder ausgezogen werden. Im wahrsten Sinne des Wortes. Denn neuerdings hat sich die Massenmode aufs Enthüllen verlegt. Anstatt den Körper zu kaschieren, stellt sie ihn aus. Daraus folgt: Will Mann modisch sein, muss er ins Fitnessstudio. *Denn jetzt ist der perfekt geformte Body selbst der allerletzte Schrei* – und das nachlässig darübergeworfene T-Shirt nur ein Accessoire. Noch wichtiger als Shoppen ist daher die Arbeit am eigenen Körper.

Wollmütze hin oder her: Die oberste modische Pflicht für den Mann heißt Schwitzen. Wer mit hinreichender Disziplin strampelt, kann sich chirurgische Eingriffe sparen. Wer fleißig die Hüften kreisen lässt, braucht kein Korsett. Wer mehrmals in der Woche auf Kommando im Krebsgang den Raum durchmisst, wild mit den Armen rudert, Langhanteln stemmt, Adduktoren und Abduktoren trainiert, wer gefährliche Verrenkungen vollzieht, um die maximale isometrische Muskelspannung im Gesäß zu halten, wer sich freiwillig in eine Schenkelanziehermaschine zwängt, kann ruhigen Gewissens bei H&M einkaufen. Zur Überwindung der Natur durch die Mode schrieb Baudelaire:

»Die Mode muss deshalb als ein Zeichen für das Streben nach dem Ideal gelten, das im menschlichen Gehirn alles überdauert, was das natürliche Leben dort an Grobem, Irdischem und Schmutzigem anhäuft, als eine erhabene Deformation der Natur, oder vielmehr als ein dauernder und wiederholter Versuch, die Natur zu reformieren.«

Dabei hatte der französische Philosoph natürlich keinen Indoorcycling-Wütigen im Kopf, sondern die Stilikone seiner Zeit – den *Dandy*. Das Dandytum ist dem Indoorcycling eigentlich diametral entgegengesetzt: Der Dandy bildet sich viel auf seinen Geist und seine Originalität ein, er ist stilvoll, blasiert und faul; der Indoorcycler hat meist nur wenig Gespür für Eleganz, ist aber umso leistungswilliger. Und doch gibt es eine verblüffende Gemeinsamkeit. Das Dandytum ist wie der Sport eine Art modische Religion, die strenger befolgt werden muss als die »strengste Klosterregel« (Baudelaire). Das Dandytum der Sporthallen lässt nur den perfekten Körper gelten, denn nur der perfekte Körper ist *en vogue*.

Bis heute gilt Schönheit als Metier der Frauen. Die Mode aber ist auch Sache der Herren – vor allem die Körpermode. Natürlich gibt es immer noch unzählige Männer, die eine schöne Frau haben *und* einen Bierbauch. Jedem Einzelnen von ihnen muss jedoch klar sein, dass er mit einer solchen Figur einen »Narr(en) außer der Mode« (Kant) darstellt. Dass er unmodisch, d. h. unsportlich ist. Will er zukunftsfähig sein, will er zeigen, dass er aus seinem alten schwabbeligen Ich ein neu getuntes schöpfen kann, hat er keine Wahl. Er muss anfangen, hart zu trainieren – und er muss sich seiner Körperhaare entledigen.

Er muss wissen: Enthaarte »Sixpacks« sind in! Aus evolutionstheoretischer Sicht kann man das Phänomen des haarlosen Oberkörpers mit dem Hirschgeweih, dem langen Schweif des Witwenvogels oder dem blau-roten Gesäß bestimmter Affenarten vergleichen. Charles Darwin spricht von den »modischen« Ornamentierungen beim Männchen, die die ästhetischen Vor-

Typischer Dandy: Der Schriftsteller Robert de Montesquiou-Fézensac auf einem Gemälde von Giovanni Boldini, 1897

lieben des weiblichen Tiers widerspiegeln. Die beim gegenge-
schlechtlichen Partner beliebtesten Körpermoden bestimmen
die »sexuelle Selektion«; sie sind es, die sich im Laufe der
Evolution durchsetzen. Um möglichst viele Nachkommen zu

hinterlassen, muss ein Tier seine Reize ausstellen. Es braucht Showtalent. Es braucht einen Laufsteg. Es muss sich bewegen wie ein Topmodel und singen wie ein Superstar, es muss mögliche Partnerinnen mit seinem schmucken Äußeren »erregen und bezaubern« – mehr als seine Konkurrenten es können. Pfauenräder und Hirschgeweihe sind nicht besonders praktisch, aber schön. Das Gleiche gilt für die nackte Haut beim Menschen. In gewissem Maße (so Darwin) ist die Verwandlung des behaarten Affen in den nackten Menschen ein weiteres Beispiel für eine Fortpflanzungszwecken dienende modische Vorliebe – lange bevor Mode zum Bestandteil menschlicher Kultur wurde.

Und damit zurück zu David Beckham. Dieser Mann ist nicht nur wegen seiner Wollmütze eine Modeikone. Sondern auch aufgrund seines haarlos glänzenden, durchtrainierten Oberkörpers, den er bei jeder Gelegenheit in die Kamera streckt. Damit beweist er nicht nur Geschäftssinn, sondern auch Einsicht. Ihm ist klar geworden, dass die Tage des Profisportelns gezählt sind – auch wenn er gern das Gegenteil erzählt. Er hat kapiert, dass er sich in einer Zeit beschleunigten Wandels nicht ewig auf seine fußballerischen Wurzeln berufen kann. Dass er ein zeitgemäßes neues Ich kreieren muss: den Pin-up-Boy, der von überdimensionalen Werbeplakaten mit Schlafzimmerblick zu uns herablinst.

David ist nicht dumm. Er verzichtet auf die Heldenrolle, weil er weiß, dass er damit nicht mehr punkten kann. Seine sorgsam modellierten Muskeln stehen längst nicht mehr für Ausdauer, Kraft und Zähigkeit. Sie sind wie seine Tattoos bloß Dekoration – genau wie die aus Oberschwanzdeckfedern gefertigte Schleppe eines Pfaus. Je mehr sich David aufs Modeln, Posieren und Schönsein beschränkt, desto mehr geraten seine sonstigen Eigenschaften in Vergessenheit. Desto mehr ähnelt er Adonis – mit dem Unterschied, dass sein dank der digitalen Retusche ewig junger, fitter, neuer Körper niemals dem Tod preisgegeben werden muss (nur der Mode).

Männer, die nach Beckham'schen Vorbild Identitätsstyling betreiben, sind die Männer der Stunde. Anstatt über die schwindende Bedeutung männlicher Privilegien zu klagen, pflegen sie ihren Körper. Sie geben nicht mehr den Macho, sondern die Sportskanone. Haben sie genug geschwitzt, reißen sie sich die Haare aus. Sie putzen und schmücken sich. Dass es so weit kommen konnte – daran sind eindeutig die Frauen schuld. Bald werden die Frauen dafür büßen müssen. Denn bald wird der modisch-durchtrainierte Mann die schöne Frau in den Schatten stellen.

Aber keine Panik. Noch ist alles beim Alten. Noch ist die Schönheit der Frau ausschlaggebender als die Schönheit des Mannes. Und noch immer bleibt das, was sich hinter dem Wort Schönheit verbirgt, ein großes Mysterium ... → *Kapitel 3*

3 Göttlich, menschlich, magisch? Warum man über Schönheit so gut streiten kann

Was ist schön? Ein ebenmäßiges Gesicht, eine schlanke Gestalt. Oder: ein muskulöser Po in einem Armani-Slip. Aber birgt das Wort Schönheit nicht viel mehr? Was ist *wirklich* schön? Schwer zu sagen. Vielleicht hängt unsere Unfähigkeit, das Schöne auf den Begriff zu bringen, ja auch damit zusammen, dass wir uns an einer falsch gestellten Frage abarbeiten. Mit anderen Worten: Es ist gut möglich, dass uns Heidi Klum und David Beckham gefallen, nicht weil sie (objektiv) schön *sind,* sondern weil wir sie (subjektiv) so *wahrnehmen.* Schönheit könnte reine *Geschmackssache* sein. Etwas, das erfreut oder missfällt. Wie ein Auto, ein Buch, ein Film oder eine neue Mode. Die richtige Frage wäre dann: »Was findet jeder Einzelne von uns schön?« Es ist eine Tatsache, dass die Meinungen darüber, ob eine Person schön, attraktiv, hübsch, bezaubernd ist oder nicht, oft weit auseinandergehen. Aber warum stehen dann fast alle Frauen auf George Clooney? Kann das Zufall sein? Und wenn nein, wer hat recht: die Mehrheit, die Clooney gut findet, oder die Minderheit, die in ihm bloß einen müden Abklatsch von Cary Grant sieht? 53

Wie sehr man über Geschmack streiten kann, zeigt die bitterböse Ehesatire, die James Thurber 1936 in der legendären Zeitschrift *The New Yorker* veröffentlichte:

Eines Abends unterhalten sich Marcia und Gordon Winship bei einem Drink über *Anna Karenina* mit Greta Garbo. Während Gordon den Film eher blöd findet, ist Marcia, ein großer Garbo-Fan, begeistert. Gordon hält den Enthusiasmus seiner Frau für völlig übertrieben und wirft ihr mangelnde Distanziertheit vor. Marcia hingegen (ermutigt von einem Scotch mit Soda) mault über Gordons fehlende kritische Wertschätzung und sein nicht vorhandenes Kunstverständnis. Sie fragt ihn betont lässig, welchen toten oder lebenden Schauspieler er denn bitte großartiger fände als die Garbo. Er denkt eine Weile nach, dann sagt er ebenso lässig: »Donald Duck.« Marcia schimpft, dass Gordons Statement ja perfekt zur Seichtheit seines Intellekts und seiner geringen Vorstellungskraft passe. Gordon faucht, dass Donald Duck *zehn Mal* großartiger sei als Greta Garbo – was jeder mit einem Funken Verstand im Kopf doch sofort zugeben müsse! Sie brechen die fruchtlose Auseinandersetzung ab.

Ein paar Tage danach sind die beiden auf einer Party. Gegenüber einem anderen Gast, einer berühmten Schriftstellerin, erwähnt Gordon beiläufig den Garbo-vs.-Donald-Streit mit seiner Frau – und die Dame ist ganz auf seiner Seite. Leider schnappt Marcia ein paar seiner Worte auf, denkt, er wolle sie öffentlich demütigen, und straft ihn mit eiskalten Blicken.

Im Taxi nach Hause fliegen erneut die Fetzen. Marcia (die ziemlich viele Cocktails gekippt hat) attackiert die Schriftstellerin, verteidigt die Garbo, macht Gordon nieder und wettert gegen Donald Duck. Gordon versucht eine Zeit lang, sich zu erklären. Aber dann antwortet er auf ihren Groll mit noch größerem Groll ... dem Groll des missverstandenen Ehemanns. Er schaut sie mit halb geschlossenen Augenlidern an und bemerkt dann kühl, wenn auch etwas undeutlich (auch er hat einige

Cocktails intus): »Es ist aus! Aber eins sage ich dir: Donald Duck ist *zwanzig Mal* großartiger, als es die Garbo je sein wird ...« Er lässt den Taxifahrer anhalten und steigt aus. »Du Karikatur! Du Cartoon!«, ruft sie ihm hinterher.

Gordon zieht aus. »Wenn Marcia glaubt«, sagt er zu seinem Freund, »dass diese Schwedin eine Größe ist und Donald Duck bloß eine Karikatur, kann ich einfach nicht guten Gewissens mit ihr zusammenleben. Meiner Meinung nach ist Donald Duck großartig, und der Mann, der ihn geschaffen hat, ein Genie ... Während Greta Garbo einfach eine Schauspielerin unter vielen ist ...«

Um es kurz zu machen: Der Streit über eine vermeintlich triviale Angelegenheit führt zur endgültigen Trennung der Ehepartner. Beide glauben, ihre Ehre und Integrität opfern zu müssen, wenn sie dem anderen, der ihre Meinung ablehnt, nachgeben würden.

Grundbegriffe der Ästhetik am Beispiel einer Schwedin und einer Ente

In dieser ganzen tragischen Geschichte taucht das Wort »schön« nicht ein einziges Mal auf. Und doch trägt sie zum Thema Schönheit Wesentliches bei. Sie zeigt nämlich, dass es leicht ist, an etwas oder jemandem Gefallen zu finden – *aber sehr schwer, zu verstehen, zu beurteilen und zu begründen, warum das so ist.* Philosophiegeschichtlich gesehen führt der Streit der Winships an den Beginn der Neuzeit zurück, als Philosophen wie Giordano Bruno (1548–1600), René Descartes (1596–1650) oder Thomas Hobbes (1588–1679) sich von der platonischen Suche nach dem Wesen bzw. der Idee des Schönen (s. Kap. 1 und 4) abkehrten und damit begannen, Schönheit in der speziellen Wahrnehmung eines Menschen zu verankern. Spätestens seit dem 18. Jahrhundert wurde Schönheit nicht mehr als Eigenschaft eines Gegenstands verstanden, sondern als Ausdruck einer subjektiven, individuellen Bewertung – die aber dennoch (und genau darin liegt das Problem!) auf Allgemeingültigkeit pocht.

Aus philosophischer Sicht ist die Auseinandersetzung der Winships bemerkenswert, weil es hier nicht um ein typisches Beziehungsproblem geht (zum Beispiel die unbewusste Weigerung des Mannes, den Müll herunterzubringen), sondern um zwei sehr einflussreiche Figuren der Populärkultur. Die Populärkultur gehört in den Umkreis der Kunst, und ein Streit über Kunst in das philosophische Gebiet der *Ästhetik* (von griech. *aisthesis* für »sinnliche Wahrnehmung«). So werden seit dem Erscheinen von Alexander Gottlieb Baumgartens *Aesthetica* Mitte des 18. Jahrhunderts alle (wissenschaftlichen) Bemühungen genannt, die sich der Erforschung und Erkenntnis des Schönen und Künstlerischen widmen. Denn Schönheit findet man ja nicht nur in der Natur; sie ist ganz wesentlich auch etwas, das von Malern, Komponisten, Architekten oder Regisseuren erschaffen wird. In den Diskussionen großer Ästhetiker von Baumgarten bis Kant, von Friedrich Nietzsche (1844–1900) bis Theodor W. Adorno (1903–1969) geht es typischerweise um:

LUST, GENUSS, GEFALLEN: Wenn Marcia Greta Garbo und Gordon Donald Duck großartig nennen, drücken sie jeweils aus, was ihnen gefällt. In Thurbers Geschichte verwendet zwar keiner der Protagonisten je das Wort »schön«, aber was sie als »großartig« bezeichnen, könnte genauso gut »schön« heißen. Denn die großartige Garbo/der großartige Donald verschaffen ästhetischen Genuss, sie faszinieren, sprechen die Sinne an, machen nachdenklich, heitern auf, sind lustvoll. Sie erfüllen also eine ähnliche Funktion wie, sagen wir, Brigitte Bardot in *Die Verachtung*. Aber nicht jedem gefällt Brigitte Bardot, so wie auch nicht jedem Donald Duck gefällt (Marcia jedenfalls nicht). Was jeweils gefällt, scheint eben eine Sache des persönlichen Geschmacks zu sein. Wenn das so ist, warum streiten die Winships dann bis aufs Blut?

GESCHMACKSKRITIK: Marcia ist begeistert von *Anna Karenina,* Gordon von Donald und Walt Disney. Indem Gordon Disney als Genie bezeichnet und Marcia die Garbo als die großartigste Erscheinung ihrer Generation, üben sie Geschmackskritik: Sie fällen beide ein Urteil, ohne auch nur einen einzigen vernünftigen Grund dafür anzuführen. Trotzdem wollen sie wie selbstverständlich, dass jeder ihrer Meinung ist. Sie halten ihr jeweiliges Urteil also für *verallgemeinerungsfähig.* Sonst wären sie nicht so empört, dass ihr Ehepartner anders denkt. Wir wissen nicht, ob Marcia und Gordon (oder der Autor der Geschichte) folgende Passage aus Immanuel Kants *Kritik der Urteilskraft,* einem Meilenstein ästhetischer Theorie, gelesen haben. Aber zweifellos verhalten sie sich so, als hätten sie: »Wer etwas für schön erklärt, will, dass jedermann dem vorliegenden Gegenstand Beifall geben und ihn gegebenenfalls für schön erklären solle.«
Übrigens: Natürlich hätte Marcia ihre Aussage mit Gründen untermauern können, aber damit hätte sie die Wahrheit auch nicht mehr auf ihrer Seite gehabt. Gordon hätte gute Gründe für das Gegenteil anführen können, und noch immer wäre es unentscheidbar, wer recht hat. Da ästhetische Erfahrungen ganz wesentlich *Sinnes*-Erfahrungen sind, genügt eine *rein* rationale Begründung, warum etwas schön oder großartig ist, also nicht – auch wenn Gordon und Marcia beide zu Recht fordern, dass man seinen Verstand beim Beurteilen künstlerischer Leistungen sehr wohl einzuschalten habe.

INTERESSELOSIGKEIT: Laut Kant ist das Wohlgefallen (oder Missfallen), das das Schöne in uns auslöst, »ohne alles Interesse«. Es gilt also nur der Schönheit des Objekts und nicht 57 irgendeinem anderen Aspekt. Für Kant geht die sogenannte Interesselosigkeit Hand in Hand mit distanziertem Verhalten, das für ihn echte ästhetische Lust signalisiert. Was soll das heißen? Ein Ölgemälde kann laut Kant durchaus ein sinnlicher Genuss sein – sofern es nicht irgendwelche niederen Begierden anspricht. Wer ein Stillleben betrachtet und dabei, anstatt sich auf das durch die Schönheit der dargestellten Früchte erzeugte Wohlgefallen zu beschränken, Hunger bekommt, ist nach Meinung Kants ein Banause. Gordon agiert wie ein Kantianer, wenn er Marcia zu Beginn der Geschichte zur Distanziertheit aufruft. Marcia dagegen können wir als Kant-Gegnerin outen. Denn für sie hat das Verständnis von Kunst nichts mit Beherrschung zu tun, sondern mit Enthusiasmus.

GENIE: Um die Größe Donald Ducks zu betonen, nennt Gordon Walt Disney ein Genie, also einen Menschen, der radikal Neues »schöpft«. Als »Schöpfer« galten seit dem 16. Jahrhundert ausschließlich Künstler, speziell Dichter. Erst im 20. Jahrhundert wurden die Begriffe Schöpfer, Schöpfung und Schaffen auf die Bereiche der Natur, Wissenschaft und Technik ausgeweitet. Heute werden brillante, hoch talentierte Köpfe aller Art als Genies tituliert. Jeder, der auf höchstem Niveau Bahnbrechendes leistet, gilt als Genie. Egal, ob es sich um Kleider, elektronische Geräte, Fotografien oder Comics handelt. Ein Genie ist immer einzigartig, unvergleichlich, unersetzbar, absolut. Es erschafft Werke, die weniger originellen Geistern als Vorbild dienen können. Laut Gordon ist Greta Garbo weit entfernt davon, genial zu sein. In seinen Augen ist sie bloß Massenware – eine Schauspielerin unter vielen. Sie könnte niemals absolut, höchstens relativ großartig sein, meint er. Man könnte sie mit Joan Crawford oder einer beliebigen anderen Filmdiva ersetzen, und niemandem würde es auffallen.

Die Winship-Geschichte lehrt: Mit der Geschmacksfrage ist nicht zu spaßen. Ästhetische Urteile sind nichts Beliebiges, sondern eine Frage der Ehre, der Integrität einer Person. Das heißt: Sie fordern die gleiche Ernsthaftigkeit und Verbindlichkeit wie moralische Urteile. Wer heute die Todesstrafe ablehnt, kann sie morgen nicht plötzlich tolerieren. Wer heute Donald Duck großartig findet, von dem sollten wir erwarten können, dass er auch noch nächste Woche dieser Meinung ist. Sonst könnten wir ihn nicht ernst nehmen, sonst müssten wir vermuten, dass er nichts richtig ernst nimmt. Nicht einmal sich selbst.

Wie man lernt, Schönheit zu beurteilen

Womöglich wäre der Streit nicht derart eskaliert, wenn sich Gordon und Marcia die Mühe gemacht hätten, ein paar *Beispiele* für Garbos bzw. Donalds Größe zu nennen. Vielleicht ist Gordon an Greta Garbo bisher nur das weiß gepuderte, maskenhafte Gesicht aufgefallen. Vielleicht ist ihm gar nicht klar, dass Marcia an etwas ganz anderes denkt, wenn sie von der großartigsten Schauspielerin ihrer Generation spricht. Zum Beispiel an das rare, dafür umso geheimnisvollere Garbo-Lächeln.

Das Gleiche gilt für die Schönheit. Wir können das, was wir selbst schön finden, anderen nur anhand von Beispielen, dem »Gängelwagen der Urteilskraft« (Kant), vermitteln. Über Schönheit zu theoretisieren, ist an sich ziemlich sinnlos. Wenn man jemandem, der mit Kunst nichts am Hut hat, den Zauber von Botticellis Venus erklärt, bringt das genauso viel, wie einen, der noch nie in der Sahara war, über den Zauber von Geröllwüsten zu belehren. Niemand kann verstehen, was schön ist, wenn er es nicht selbst gesehen hat. Das heißt aber nicht, dass wir automatisch *alles* Schöne schön finden. Wir finden vor allem das schön, was wir *gewohnt* sind, für schön zu halten. 59

Das, was wir schon kennen. Je weniger wir kennen, desto schlechter können wir beurteilen, was schön ist und was nicht. *Ein gutes Urteilsvermögen hat man nicht einfach – man muss es erwerben.* Mit der Schönheit ist es wie mit dem Essen. Ob zu einer pochierten Gänseleberterrine mit Birnen, Kohlrabi und geräucherter Taubenbrust ein Bier oder ein Riesling passt, kann nur der kulinarisch Erfahrene beurteilen. Warum eine Frau keine Modelmaße braucht, um schön zu sein, kann nur der ästhetisch Gebildete begründen. Ein Kochkünstler lehrt uns zu schmecken. Bildhauer, Maler und Architekten lehren uns zu sehen. Die Genies unter ihnen »setzen uns gleichsam (ihre) Augen auf«, wie der Philosoph Arthur Schopenhauer (1788–1860) in seiner *Metaphysik des Schönen* schrieb. Schönheit, so Schopenhauer, »tritt uns leichter entgegen aus dem Kunstwerk als unmittelbar aus der Natur und aus der Wirklichkeit«, da der geniale Künstler sie mit seinem präzisen Auge »ausgesondert hat aus der Wirklichkeit, mit Auslassung aller störenden Zufälligkeiten, das Wesentliche und Charakteristische derselben also reiner darstellt als in Wirklichkeit«.

Wenn Schopenhauer recht hat, ist die bildende Kunst das beste Übungsfeld für angehende Ästhetiker. Was dem künstlerischen Auge im Laufe der Jahrtausende gefiel, ist für den heutigen Geschmackskritiker allerdings nicht immer leicht nachzuvollziehen. Den meisten von uns fällt es schwer, in der kurzbeinigen, vollbusigen, fettleibigen Skulptur der Venus von Willendorf (um 25 000 v. Chr.) eine magische Schönheit zu erkennen. Was daran liegt, dass uns in einer Zeit, in der extreme Fruchtbarkeit nicht mehr mit Übergewicht, sondern mit Hormongaben assoziiert wird, die Vorstellungswelt unserer Urahnen fremd geworden ist. Ohne eine ästhetische Gebrauchsanweisung wird es uns auch Mühe kosten, eine griechische Statue aus der archaischen Zeit schön zu finden.

Zum Beispiel die über zwei Meter hohe **Jünglingsstatue** (griechisch: *Kouros*) von circa 540–530 v. Chr., die sich in der

Münchner Glyptothek befindet. Der dargestellte Nackte steht mit gespannten Muskeln da, als sei er kurz davor, loszulaufen. Obwohl er aussieht wie ein Athlet, hat der junge Mann nichts von einem Profisportler. Sein linkes vorgesetztes Bein ist zu lang, sein Unterschenkel ist leicht verkrümmt, die Taille mädchenhaft. Die (mit waagrechten Linien angedeutete) Rumpfmuskulatur wirkt – verglichen mit den Waschbrettern moderner Männermodels – wie ein anatomischer Unfall. Trotz seiner Mängel strahlt der steinerne Kerl aber eine ungeheure Präsenz aus. So imposant sein riesiger Körper, so sanft sein »archaisches Lächeln« – der archetypische Ausdruck einer Urlebensfreude. Gut möglich, dass wir den Widerschein dieses Lächeln schon einmal gesehen haben. An unserem Liebsten, Partner, Bruder oder an unserem neuen Kollegen. Oder sogar an Hans-Peter, den wir regelmäßig treffen, wenn wir mit dem Hund rausgehen. Kann sein, dass wir von Hans-Peter kaum etwas wissen, außer, dass er einen Rottweiler hat und trotz seines spießigen Outfits irgendwie sympathisch wirkt. Jetzt verstehen wir, warum. Plötzlich kommt uns etwas in Hans-Peters Gesicht bekannt vor. Auf einmal erkennen wir in seinem Lächeln einen fernen Abglanz des Originals. Auf einmal können wir etwas als »schön« einordnen, das uns zuvor kaum auffiel.

Jedem von uns wird ein Schönheitssinn in die Wiege gelegt. In Experimenten der Attraktivitätsforschung sprechen Neugeborene auf die gleichen (symmetrischen) Gesichter an, die auch Erwachsene schön finden. Manche Menschen bleiben mit ihrem Schönheitsempfinden lebenslang auf Säuglingsniveau – andere bemühen sich, es zu verfeinern und weiterzuentwickeln. Wer besser sehen lernen will, sollte sich die Augen der Künstler leihen.

Albrecht Dürers (1471–1528) **»Selbstbildnis im Pelzrock«** von 1500 zeigt, wie sich der Künstler selbst stilisierte: mit perfekt ebenmäßigem, wohlproportioniertem Gesicht. Der gemalte Dürer schaut dem Betrachter mit ernstem Blick frontal

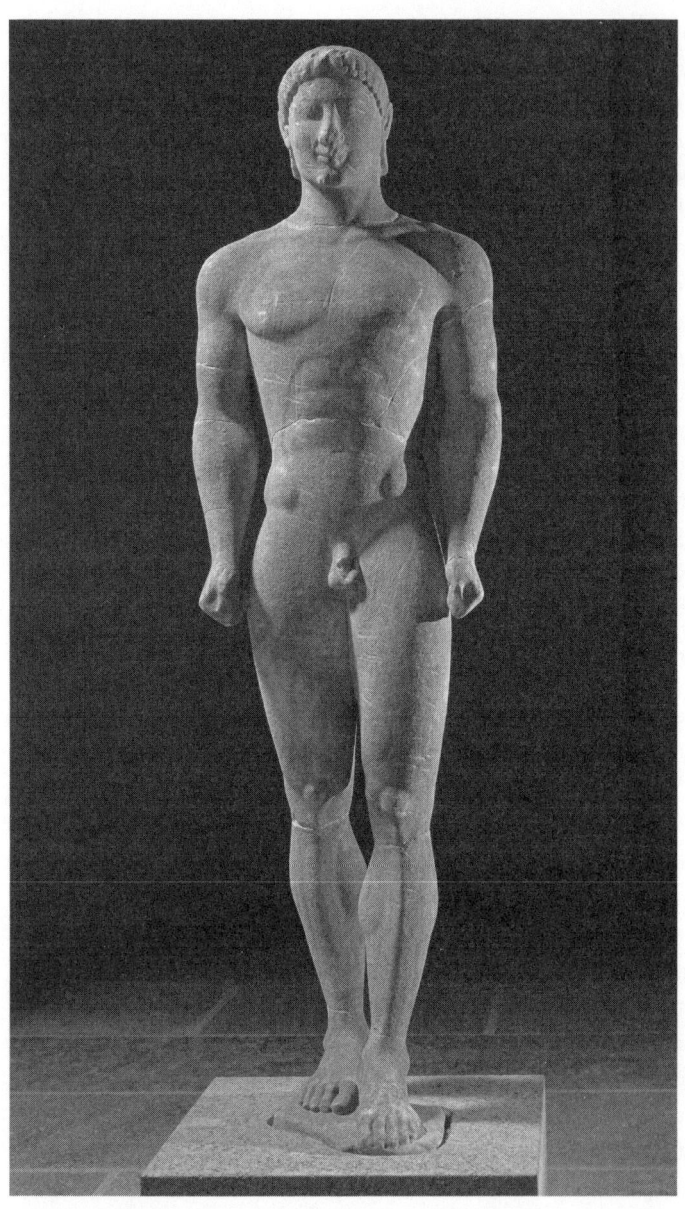

Der Kouros aus der Münchner Glyptothek, ca. 540–530 v. Chr.

Albrecht Dürer, Selbstbildnis im Pelzrock, 1500

ins Auge. Sein Blick, sein Bart und sein Langhaar erinnern an mittelalterliche Christusdarstellungen. Aber Dürers kostbarer Pelzrock und die feinen Locken, die ihm bis über die Schulter reichen, signalisieren auch das Modebewusstsein, die Coolness und Extravaganz eines Dandys (s. Kap. 2) *avant la lettre.* Mit modischem Eigensinn pfeift Dürer auf die Kritik an der Haartracht, die der humanistische Theologe und Philosoph Erasmus von Rotterdam (ca. 1466–1536) in seinem *Goldenen Büchlein von der Höflichkeit der Knaben* anbrachte, und auf dessen Forderung, das Haar solle »nicht übers Vorhaupt hangen, auch nicht auf den Schultern herumfliegen«.

Wie die antike Schönheit des Kouros, so ist auch die Renaisanceschönheit nur für den sichtbar, der sie *(er)kennt.* Und er erkennt, weil er sich mit der Zeit und ihren Schönheitsidealen beschäftigt hat, weil er vielleicht schon häufiger Gemälde der Renaissance betrachtet und verglichen hat.

Nehmen wir unseren langhaarigen, bärtigen Nachbarn aus dem zweiten Stock. Haben wir Dürers Selbstbildnis im Hinterkopf, sticht uns nicht sein fahler Teint ins Auge, wenn er uns im Treppenhaus begegnet. Sondern seine fein gezeichneten Haarwirbel. Fasziniert von seiner Ähnlichkeit mit Dürer, kommen wir gar nicht erst auf die Idee, ihn mit einem bekifften Hippie zu vergleichen. Wir achten nicht auf die schlechte Haltung des Mannes, sondern darauf, wie sich das von draußen einfallende Licht in seinen Locken verfängt, wie perfekt das erdfarbene Haar mit dem Goldton der Sonne harmoniert. Es kann sogar sein, dass wir aufgrund unserer kunsthistorischen Vorkenntnis irgendwo zwischen dem zweiten und dem dritten Stock von ästhetischer Lust erfasst werden, von einem echten »interesselosen Wohlgefallen« (Kant).

Laut Schopenhauer ist es typisch für jede tief empfundene ästhetische Erfahrung, dass »dieser Zustand uns … allen Leiden entzieht«. Schönheit zu erfahren hat das gleiche glückliche
64 Gefühl zur Folge wie »die Erinnerung an vergangene Zeiten

und entfernte Orte«, heißt es in der *Metaphysik des Schönen*. Tatsache ist: Da wir in der Gegenwart meist auf irgendwelche Probleme fixiert sind, erkennen wir die positiven Seiten des Lebens leider immer erst zu spät – in der Rückschau, wenn die »Bilder jener Vergangenheit und Entfernung, die damals durch (Sorgen und Leiden) getrübt wurden, … sich jetzt rein von denselben« zeigen.

Die Vergangenheit mag ein »verlornes Paradies« sein – die Kontemplation des Schönen erlaubt es, sich auch in der Gegenwart in einen paradiesischen Zustand zu versetzen. Dazu müssen wir uns vor ein Bild bloß hinstellen »wie vor einen Fürsten, abwartend, ob und was es zu ihm sprechen werde«, so Schopenhauer.

Jeder Künstler erzählt von etwas anderem. Bei Dürers Selbstporträt ist von kühler Perfektion die Rede. Um etwas ganz anderes geht es bei den **»Drei Grazien«** (ca. 1635) des Barockmalers **Peter Paul Rubens** (1577–1640): Leibesfülle. Wir sehen die drei antiken Göttinnen aus dem Gefolge der Liebesgöttin Aphrodite, Töchter des Zeus. Ihre üppigen Körper symbolisieren das Sinnliche, Liebliche, Entzückende. Ihre Wangen, Ellbogen, Füße und Pobacken wirken zum Anfassen plastisch. Diese Göttinnen zeigen ihre Nacktheit völlig unverkrampft. Ihre Erotik ist natürlich, direkt und ungezwungen, ohne jede Berechnung – im Unterschied zu der Heidi Klums. Neben ihrer Üppigkeit wirkt die sonst so imposant erscheinende Heidi wie ein verhungertes Waisenkind.

Bemerkenswert an den drei Grazien ist auch ihre Schwerelosigkeit. Trotz ihrer Rundungen sind ihre Bewegungen balletteusenhaft leicht. Rubens macht klar: Beleibtheit hat nichts mit Behäbigkeit zu tun. Für ihn ist Korpulenz ein Ausdruck von Lebensfülle, nicht von schlechter Lebensführung. Ein Gedanke, den sich die moderne Frau, die Schlanksein und Schlankbleiben als Teil der Leistungsideologie verinnerlicht hat, hinter die Ohren schreiben kann. Denn letztlich ist es ihre

65

Peter Paul Rubens, Drei Grazien, ca. 1635

eigene Entscheidung, wie sie ihre Rundungen beurteilen will: ob als unerträgliche Belastung oder als Kennzeichen göttlicher Erotik. Ihr Standpunkt entscheidet über ihr Wohlbefinden – und ihr kunsthistorisches Wissen. Wenn eine Frau beim An- blick ihres Körpers an Rubens' Grazien denkt, wird sie sich mit hoher Wahrscheinlichkeit nicht an Modelmaßen orientieren. Wenn sie ihre Kenntnisse über Schönheit in Museen statt bei der Lektüre von Klatschzeitungen erworben hat, wird sie mit

Franz von Stuck, Salome, 1906

den Weight Watchers wenig anfangen können. Sie wird bloß stolz sein, dass eine Figur wie die ihre fester Bestandteil der Kunstgeschichte ist.

Aber Rubens-Frauen sind nicht die Einzigen, die zu einer Revision des eigenen (negativen) Körperbilds einladen. Auch die »Salome« (1906) des Jugendstilmalers **Franz von Stuck** (1863–1928) ist ein großartiges Identifikationsmodell für alle, die nicht dem sadistischen Size-Zero-Ideal entsprechen. Salome, aus dem Neuen Testament als Tochter der Herodias bekannt, forderte einst als Belohnung für ihre Tanzkunst den Kopf Johannes' des Täufers. Stuck interpretiert sie als verruchtes Weib, den reich mit Edelsteinen behängten Hals lasziv nach 67 hinten gebogen, wie es dem Zeitideal der *Femme fatale* entsprach. Hinter ihr eine grässliche Erscheinung: ein Diener, der Johannes' Haupt auf einer Schüssel präsentiert. Salomes weiß glühende Haut hebt sich überdeutlich vom sternenübersäten Nachthimmel ab. Die schlangengleiche Bewegung, die Salome mit dem rechten Arm vollzieht, mag noch so elegant sein – ihr vorgewölbtes Bäuchlein ist nicht zu übersehen.

Franz von Stuck macht uns mit der irritierenden, verstörenden Variante der Schönheit bekannt: Seine Salome ist wild, unberechenbar und ausladend. Stuck inszeniert sie als strahlenden Mittelpunkt einer grausamen Szene, nicht um zu provozieren, sondern weil er zum Träumen verführen will. Für ihn ist Schönheit nicht mit dem Maßband zu erfassen, sondern nur mit der eigenen Fantasie.

Die bildende Kunst ist unser Kompass im Dschungel der Schönheiten. Durch die Brille der Kunst wird das, was vorher verschwommen war, plötzlich glasklar. Plötzlich verstehen wir, *warum* uns gefällt, was uns gefällt. Wir haben bestimmte *Kriterien* entwickelt, anhand derer wir unseren ganz persönlichen Geschmack etwa einer der folgenden Kategorien zuordnen können:

DIE KLASSISCHE SCHÖNHEIT: Klassisch schön heißt vollkommen, vorbildlich, allgemein anerkannt. Das ist vor allem die antike Kunst. Daran anschließend sind es alle Darstellungen, die sich am antiken Schönheitsideal orientieren – besonders die Kunst der Renaissance, die die Antike als Vorbild wiederentdeckte und ihre Regeln studierte. »Klassisch« kommt vom lateinischen Wort »classicus«, einst die Bezeichnung für die obersten Volksklassen. Später nannte man auch Künstler, die erstrangige Meisterwerke schufen, klassisch.

Der Inbegriff des Klassischen und der klassischen Idealmaße des Körpers sind die männlichen Statuen des griechischen Bildhauers Polyklet (tätig um 450–410 v. Chr.). Der Münchner Kouros ist exemplarisch für das Proportionsideal einer älteren Zeit. Seine Vollkommenheit ergibt sich aus der Ausgewogenheit der sich gegenseitig tragenden Waagrechten (Augen, Mund, Schultern, Brust) und Senkrechten (Scheitel, Nase, Gliedmaßen). Nach Meinung des römischen Architekten Vitruv (ca. 85– ca. 15 v. Chr.) geht es beim Schönen um Verhältnisse, die man errechnen kann. Laut Vitruv entspricht die Schönheit von Bauwerken, Skulpturen und Gemälden der der Natur, die »den menschlichen Körper so schuf, dass der Schädel vom Kinn bis zum oberen Teil der Stirn und dem Haaransatz ein Zehntel der Körperlänge misst«. Nicht nur Leonardo da Vinci, auch Albrecht Dürer war mit den Vitruv'schen Maß- und Zahlenverhältnissen wohlvertraut. Sein »Selbstbildnis im Pelzrock« ist – trotz der modischen Akzente – ein klarer Fall von (messbarer) klassischer Schönheit: Es hat rein gar nichts Zufälliges oder Improvisiertes, sondern folgt klaren Gesetzen und Regeln. Das Ergebnis: ein perfekt harmonisches und symmetrisches Gesicht.

Wann immer Schönheit aus Formstrenge resultiert, können wir von einer klassischen Schönheit sprechen. Greta Garbo, Gary Cooper, Grace Kelly und viele andere Hollywoodstars kommen diesem Ideal ziemlich nahe. Ihr Wiedererkennungswert liegt in keiner einzigen physiognomischen Besonderheit – außer ihrer Wohlproportioniertheit.

DIE BAROCKE SCHÖNHEIT: Barock (vom französischen Wort »baroque« für schief, unregelmäßig) ist alles, was mit Opulenz und Formenfülle zu tun hat, mit Entgrenzung, Bewegung, Sinnlichkeit. Das barocke Körperideal – speziell das des weiblichen Körpers – spiegelt sich noch lange nach Rubens in Werken von Künstlern wie Pierre-Auguste Renoir oder Fernando Botero.

Die Rubens-Schönheit ist zwischen Diesseits und Jenseits, Realität und Mythos angesiedelt. Ihre Nacktheit ist halb irdisch, 69 halb göttlich. Sie wirkt ebenso unschuldig wie selbstverständlich (worin sie den altgriechischen Statuen ähnelt). Alles an dieser Schönheit ist natürlich. Sie ist das Gegenteil einer Drama-Queen. Sie zeigt sich einfach so, wie sie ist: üppig, unbefangen, unbeschwert. Jede Art von Innerlichkeit ist ihr fremd. Dafür transportiert ihr saftig-sinnliches Äußeres jede Menge Lebensfreude.

Rubens' »Grazien« weisen noch ein anderes typisches Merkmal der barocken Schönheit auf: fehlende Schwerkraft. Da sie trotz ihrer vielen Kilos über dem Boden zu schweben scheinen, können wir sie beim besten Willen nicht »dick« nennen. Sie sind nicht dick, sondern weich – so wie die Sängerin Beth Ditto, eine zeitgenössische Repräsentantin barocker Schönheit. Ihr Erfolg als Stilikone beweist, dass die Rubens-Fans längst nicht ausgestorben sind.

DIE MAGISCHE SCHÖNHEIT: Das Magische repräsentiert das Mysteriöse, das sich dem logischen Verstand entzieht. Im alten Griechenland war ein *mágos* (Zauberer) ursprünglich Mitglied einer altpersischen Priesterkaste. Bezogen auf Kunst und Ästhetik ist »magisch« ungefähr gleichbedeutend mit »märchenhaft«. Das magisch Schöne kann man überall da entdecken, wo die Realität von Gefühl, Geheimnis und Fantasie überlagert wird – zum Beispiel bei den verführerischen Odalisken (Haremsdamen) des 19. Jahrhunderts von Jean-Auguste-Dominique Ingres (1780–1867).

Die magische Schönheit ist alles, was die klassische nicht ist: triebhaft, emotional, erotisch. Manchmal auch schauerlich. Sie folgt keinen Regeln, sondern bricht aus ihnen aus. Sie stellt Freiheit über den Kanon. Bei ihr zählt weniger die Form als das Drama, mehr das Sonderbare als das Wunderbare – wie bei Stucks »Salome«. Ihre Schönheit ist wie eine Schlange: nicht rein und unschuldig, sondern lasziv und verführerisch. Sie steht 70 für die Flucht aus der Realität in eine ferne Vergangenheit.

Alles, was orientalisch oder jedenfalls irgendwie exotisch anmutet, ist Kennzeichen einer magischen Schönheit.

Worin ihre äußere Attraktivität besteht, ist nicht leicht auf einen Nenner zu bringen. Es gibt sie in den verschiedensten Versionen: dick, dünn, hellhäutig, dunkelhäutig. Magische Schönheiten haben meist auch etwas Melancholisches an sich, was unsere Aufmerksamkeit weg von ihrem Körper hin zur Unergründlichkeit ihrer Seele führt (s. Teil 2). Das ist der Grund, warum sie uns so faszinieren und warum sie trotzdem irgendwie ungreifbar bleiben – wie viele hoch talentierte, divenhafte (s. Kap. 5), jung verstorbene Stars der Showbranche, von James Dean zu Amy Winehouse. Aber auch Comicfiguren können mit ihrer Magie bezaubern. Besonders Donald Duck. Aufgrund seines breiten Spektrums tiefer Emotionen (von blinder Wut bis tiefer Trauer), die er in unverständlicher Entensprache äußert, ist auch dieser notorische Pechvogel zu den magischen Schönheiten zu rechnen.

DIE MODISCHE SCHÖNHEIT: »Modisch« wurde im 17. Jahrhundert dem französischen Wort für Mode – Brauch, Sitte, »gerade herrschende Richtung in der Kleidung« – entlehnt. Die modische Schönheit drückt der menschlichen Erscheinung in Form von Röcken, Hüten, Hauben, Tüllschleifen, geknüpften Halsmaschen, Schmachtlocken und Haarknoten ihren Stempel auf. Sie setzt Akzente, die man nicht so schnell vergisst. Was wäre Dürer ohne seine »Jesus Christ Superstar«-Frisur? Die modische Schönheit imponiert weder durch klassische Vollkommenheit noch barocke Fülle noch magisches Geheimnis. Ihre Stärke ist es, den Geist einer Epoche und die traditionelle Zugehörigkeit eines Menschen zu einer bestimmten Klasse, zu einem bestimmten Gesellschaftsstand zum Ausdruck zu bringen. Da sie im Laufe von Jahren, Jahrzehnten und Jahrhunderten die abenteuerlichsten Wandlungen vollzieht, heißt modisch schnell nur noch: altmodisch. Das gilt für Höckerhauben und Halskrausen ebenso wie für Rokokoperücken und Schulterpolster. Wenn das Modische historisch wird, verliert es leicht seine Schönheit (d. h. seine Aktualität, s. Kap. 2).

Die modische Schönheit kann nie für sich selbst bestehen, nur immer im Verbund mit der klassischen. Nur dann haftet ihr – wie bei Dürers Selbstporträt – etwas Zeitloses an. Das sehen wir exemplarisch an David Beckham: Ohne die klassischen Proportionen seines Gesichts hätte seine Wollmütze kaum die gleiche Wirkung. Popstar Lady Gaga dagegen verkörpert die modische Schönheit in Reinform: Bis die Massen ihrer irren Outfits überdrüssig werden, ist es nur eine Frage der Zeit.

Hätten Gordon und Marcia Winship sich ein bisschen mit Kunstgeschichte ausgekannt, wären sie wahrscheinlich noch verheiratet. Sie hätten sich den ganzen Streit ersparen und sich darauf einigen können, dass Marcia es eben mehr klassisch mag (Greta Garbo: das wohlproportionierteste Gesicht Hollywoods!), während Gordon hoffnungslos der Magie verfallen ist (Donald: die gefühlsbetonteste Ente der Welt!). Zu spät ...

Die Lust am Schönen entsteht nicht durchs Rechthaben. Sie kann uns nur ergreifen, wenn wir uns mit dem Schönen – wo immer es uns begegnet – vertraut gemacht haben. Nur wenn wir die ganze Vielfalt von »schön« kennen, können wir unserem Sehsinn wirklich vertrauen. Ansonsten besteht die Gefahr, dass uns herausragende ästhetische Qualitäten einfach entgehen. An anderen und uns selbst.

Aber wozu sich zu sehr mit Äußerlichkeiten aufhalten ... Kommt wahre Schönheit nicht von innen? Welche Rolle spielt die Seele, wenn es um Attraktivität und Verführung geht?
→ *Kapitel 4*

Über die Kunst
des guten Aussehens –
Gebrauchsanweisung I

Schönheit hat nichts mit Gerechtigkeit zu tun. Sie ist nicht schön gleichmäßig unter den Erdenbürgern verteilt. Bei vielen ist Attraktivität eine Leistung (s. Kap. 1), bei manchen ein Geschenk der Natur. Ein Geschenk – oder eine Strafe. Es kommt ganz darauf an. Narziss zum Beispiel bekam sein skandalös gutes Aussehen ganz und gar nicht. Es verleitete ihn dazu, arrogant einen Verehrer nach dem anderen abzuweisen, sich in sich selbst zu verlieben und am Ende, in trauter Zweisamkeit mit seinem Spiegelbild, an einem Weiher zu verenden.

Herausragende Schönheit zwingt ihre Umwelt zu zwei gegensätzlichen Reaktionen, die sich blitzschnell abwechseln können: Auf der einen Seite stehen Bewunderung und Bevorzugung, auf der anderen Neid und Eifersucht. Übermäßige Schönheit ist mit Vorsicht zu genießen. Sie ist nicht nur lieblich, sie kann auch sehr gefährlich sein. Sie hat die Macht, alles zu zerstören, was ihr in den Weg kommt: Ehen, Freundschaften, Arbeitsbeziehungen, die Beziehung zu einem selbst. Und sie kann aus guten Menschen schlechte machen, wie die Ärztin und Psychoanalytikerin Edith Jacobson (1897–1978) aus Erfahrung wusste. Über ihre zu Untreue und Rücksichtslosigkeit neigenden superschönen Patientinnen schrieb Jacobson:

»Mir fiel auf, dass die Schönheit dieser Frauen entweder 73 katastrophale Auswirkungen auf ihr Umfeld hatte oder auf ihr eigenes Leben oder beides. … Während sich die Leute mit körperlichen Mängeln zu Unrecht beschuldigt oder bestraft fühlen und deshalb rebellieren müssen, fühlen sich die Schönen zu Unrecht gelobt und belohnt, weshalb sie sich dazu gezwungen sehen, die Welt herauszufordern und sich zu versündigen.«

Aber auch schöne Sünderinnen werden ihrer Verfehlungen irgendwann müde. Und irgendwann merken sie, dass ihre Magie nicht mehr wirkt. Dass ihr phänomenales Äußeres nicht mehr ganz so phänomenal ist. Wenn Attraktivität ein Geschenk der Natur ist, dann eines mit ziemlich geringem Haltbarkeitsdatum. Wozu eigentlich die ganze Aufregung? Am Ende gehen auch den Schönsten die Haare aus. Zum Schluss treten auch bei ihnen die Adern hervor, und sind sie so krumm und faltig wie alle anderen auch. Mit dem Unterschied, dass sie mehr als andere an ihrem Verfall verzweifeln müssen. Bestes Beispiel hierfür ist Leinwandlegende Marlene Dietrich, die sich bis zu ihrem Tod 1992 gut zwölf Jahre lang weigerte, ihre Pariser Wohnung – genauer: ihr Bett – zu verlassen. Der Überzeugung: »I've been photographed to death« (»Ich wurde zu Tode fotografiert«) folgend, zog sie es vor, unbeobachtet zu altern. Um möglichst wenig auf die Hilfe anderer angewiesen zu sein, arrangierte sie Bücher, Zeitungen, Zeitschriften, eine Lupe, eine Kochplatte, Stifte, Taschentücher, Tabletten, Alkohol und alles andere, was sie brauchte (am meisten das Telefon), um ihre Schlafstätte herum. Entferntere Gegenstände zog sie mit einem Greifarm zu sich heran. Und das alles nur, weil sie einmal schön war …

Attraktivität – mit allen Vor- und Nachteilen – ist nur bedingt käuflich. Der vernünftige Teil unseres Hirns weiß, dass Nasenkorrekturen und Markenkleidung keine Garantie für Schönheit sind. Und Schönheit keine Garantie für Glück. Der dominierende unvernünftige Teil zieht es vor, diese Information zu ignorieren. Er ist es, der uns in Modeboutiquen treibt, zu sünd-teuren Kosmetikprodukten greifen lässt und uns dazu verführt, an die Wirkkraft des Geldes zu glauben. So erliegen wir der wahnhaften Vorstellung, dass es nichts an uns gibt, das nicht verändert, verbessert, verschönert werden müsste. Wir doktern an unserem Äußeren herum – und übersehen dabei *das eigent-liche Motiv unseres Strebens: den Wunsch nach Erlösung.* Die Sehnsucht, durch gutes Aussehen von Angst, Einsamkeit, man-gelnder Anerkennung, einer schlechten Ehe, einem miesen Job, dem Tod und vielen anderen Problemen befreit zu werden. Diese Sehnsucht ist der Grund, warum wir jede Diät, jeden Schuhkauf, jeden Besuch im Fitnessstudio mit einem Heils-versprechen verbinden, warum wir uns bereitwillig von hohen Absätzen und Crosstrainern foltern lassen, bis wir kaum noch stehen können. Wir schreiben dieser Quälerei einen höheren Sinn zu, weil wir insgeheim glauben, ein schöner Trizeps könne unserem Dasein eine ganz neue Wendung geben. Für Verblen-dungen dieser Art gibt es eine ganz einfache Erklärung: Wir betrachten unseren Körper als etwas, das wir *haben* – nicht als etwas, das wir *sind*. Wir denken: Wenn es uns gelingt, das, was wir haben, in die richtige Form zu bringen, werden wir endlich das sein, was wir sein wollen.

Deshalb lässt der moderne Mann beim Sport literweise Schweiß. Deshalb tut die moderne Frau beim Anblick ihrer Orangenhaut, als hätte sie Lepra, deshalb verzweifelt sie an ihrem Unterbauch, als sei dieser gleichbedeutend mit ihrer Ge-samterscheinung. Anstatt – wie in allen anderen Fällen – ihren Kopf einzusetzen, vergleicht sie die Körperteile, die ihr am meisten missfallen, mit denen minderjähriger Models. Sie sehnt sich nach wissenschaftlich belegten Idealmaßen und lässt da-bei ganz außer Acht, dass die neuesten Studien von Attraktivi-tätsforschern und Anthropologen keine absolut unantastbare endgültige Wahrheit darstellen (und in der Mehrzahl der Fälle von Männern verfasst wurden).

Ein Körper ist mehr als nur Besitz. Er ist die äußere Gestalt einer geistig-seelischen Verfassung. Äußeres und Inneres gehören zusammen – wie Form und Inhalt. Wenn wir bei der Lektüre eines Wintergedichts von Rainer Maria Rilke »schön!« denken, meinen wir nicht den Inhalt (zugefrorene Gewässer, frostbeschlagene Scheiben, verfrorene Finger und rote Ohren). Wir meinen auch nicht die Form (die kunstvolle Aneinanderreihung von Worten). Wir wissen intuitiv: Die Schönheit des Gedichts ist weder im »Was« noch im »Wie« zu finden, weder in der Wortwahl noch im Satzbau, weder in der Länge des Texts noch in der Zeichensetzung – sondern in einem Ganzen, das mehr als die Summe seiner Teile ist.

Auch unser Körper ist mehr als die Summe aus Haut, Knochen, Fleisch und Haar. Ob er von anderen als attraktiv wahrgenommen wird, hängt auch wesentlich von seinen Bewegungen ab. Davon, wie sich seine Lebendigkeit in Gesten und Blicken ausdrückt. Die Hochglanzfotografie eines Models oder Schauspielers kann entzücken – ob der abgebildete Mensch aber so attraktiv *ist,* wie er zu sein scheint, lässt sich nur feststellen, wenn er vor uns steht. Die Art und Weise, wie er Hände, Füße, Arme, Beine, Kopf und Augen bewegt, ist entscheidend. Niemand hat dieses Phänomen besser beschrieben als der Schriftsteller Heinrich von Kleist (1777–1811). In seinem Aufsatz *Über das Marionettentheater* erzählt Kleist von einem Tänzer, der von der geradezu vorbildlichen Unaffektiertheit der Marionetten schwärmt: »Denn Ziererei erscheint …, wenn sich die Seele … in irgendeinem anderen Punkte befindet als in der Bewegung.«

Mit anderen Worten: Sobald einem Tänzer *bewusst wird,* wie großartig seine Körperbeherrschung ist, fallen seine Drehungen gekünstelt aus. Jeder noch so geübte Tänzer ist ständig in Gefahr, seine Leichtigkeit und Anmut zu verlieren – einfach dadurch, dass er zu sehr weiß, was er tut. Dieses Phänomen beschreibt Kleist auch am Beispiel eines Jünglings, der nach dem

Baden seinen Fuß zum Abtrocknen auf einen Schemel setzt. Als er sich dabei im Spiegel betrachtet, fühlt er sich an eine griechische Statue erinnert, die er kurz zuvor im Museum sah:

»(E)r lächelte und sagte mir, welch eine Entdeckung er gemacht habe. In der Tat hatte ich, in eben diesem Augenblick, dieselbe gemacht; doch sei es, um die Sicherheit der Grazie, die ihm beiwohnte, zu prüfen, sei es, um seiner Eitelkeit ein wenig heilsam zu begegnen: ich lachte und erwiderte – er sähe wohl Geister!«

Aber als der Knabe versucht, die Geste zu wiederholen, verliert er seine Anmut; beim zehnten Versuch wirkt seine Bewegung nur noch gestelzt. Kleist:

»Von diesem Tage, gleichsam von diesem Augenblick an, ging eine unbegreifliche Veränderung mit dem jungen Menschen vor. Er fing an, tagelang vor dem Spiegel zu stehen; und immer ein Reiz nach dem anderen verließ ihn. Eine unsichtbare und unbegreifliche Gewalt schien sich, wie ein eisernes Netz, um das freie Spiel seiner Gebärden zu legen, und als ein Jahr verflossen war, war keine Spur mehr von der Lieblichkeit in ihm zu entdecken, die die Augen der Menschen sonst, die ihn umringten, ergötzt hatte.«

Wie in der Literatur, so auch im wirklichen Leben: Je eifriger und gezielter man sich darum bemüht, schöner, jünger, modischer zu wirken, desto mehr verliert man an Anziehungskraft. Das ist das *Schönheitsparadox*. Die kalkulierte Schönheit hat immer etwas Starres, Verbissenes an sich. Frauen wie Heidi Klum fehlt die Nonchalance und Selbstvergessenheit der kleistschen Marionette. Sie sind viel zu kontrolliert, um graziös zu sein. Sie wissen zu sehr über ihr Aussehen Bescheid. Ihre Schönheit ist stahlhart, mehr Rüstung als Zauber. Ihr fehlt es an Tiefe. Sie ist so glatt und flach wie der Spiegel in Kleists Erzählung, der die Reize seines Gegenübers stiehlt.

Spiegel können Proportionen erfassen, aber sie sind schlechte Berater, wenn es darum geht, schön von unschön zu unterscheiden. Sie zeigen uns unseren Körper (fast) immer so, wie wir ihn nicht sehen wollen, und (fast) nie so, wie andere ihn sehen. Sie präsentieren nur das, was wir haben, nicht das, was wir sind. Sie reduzieren uns auf Haut, Knochen, Fleisch und Haar. Kurz: Spiegel sind ziemlich blind. Wir schauen sie erwartungsvoll an, und sie glotzen völlig unbeeindruckt zurück.

Klassisch, barock, magisch oder modisch? Die bildende Kunst (s. Kap. 3) liefert wichtige Indizien, was eine ästhetisch reizvolle Erscheinung ausmachen kann. Was aber am *lebendigen* Menschen wirklich »schön« ist, ist weder auf einem Gemälde noch auf einer Fotografie leicht zu erkennen. Etwas Unbewusstes, Unberechnetes, das nicht beim Posieren, sondern erst in Bewegung zum Vorschein kommt. Es gibt so viele Arten von Schönheit, wie es Menschen gibt, und nicht jede ist unmittelbar sichtbar. Je besser wir uns darin üben, Attraktivität bei anderen zu erkennen, desto sicherer können wir unsere eigene beurteilen. Bei Schönheiten gibt es wie bei Kunstwerken unterschiedliche Qualitäten. Es gibt Meisterwerke und Werkstattarbeiten, Originale und Fälschungen. Wenn wir an einer Straßenecke mit zwei gleichermaßen wohlproportionierten Frauen zusammenstoßen – die eine blond und drall, die andere blass und schlank –, heißt das noch lange nicht, dass sie uns auch gleichermaßen faszinieren. Wenn wir Glück haben, erinnert uns die erste an die Venus von Botticelli und die zweite an Greta Garbo. Wenn wir Pech haben, lassen uns beide so kalt wie ein trockenes Schnitzel. Ein schönes Gesicht und schöne Gliedmaßen machen noch keine schöne Frau.

Alles, was an einer Frau *äußerlich* schön wirkt, ist dem Lauf der Zeit unterworfen. Ein attraktiver Körper bekommt streng genommen schon nach zwanzig Jahren erste Risse. Von dort bis zum Tod ist es meist noch eine halbe Ewigkeit. Die schöne Verpackung so lange zu konservieren, ist eine riesige Herausforderung, die wahlweise mit Kosmetika, chirurgischen Eingriffen, Sport oder – die von Marlene Dietrich bevorzugte (kontraproduktive) Variante – mit Alkohol gemeistert werden kann. Die philosophische Alternative heißt: *Wer schön sein will, muss lernen.* Aus philosophischer Sicht laufen die meisten Anstrengungen, Schönheit zu erwerben, zu verbessern, zu erhalten oder wiederherzustellen, ins Leere, da sie sich mit leidenschaftlicher Ausschließlichkeit auf Oberflächenphänomene konzentrieren: das strähnige Haar, das schlaffe Bindegewebe, das Schlupflid. Aber Schönheit ist nie nur an der Oberfläche eines Menschen zu finden. Sondern dort, wo sich Äußeres und Inneres überlagern. Dort, wo sich (außen) das zeigt, was man (innen) *ist.* Es gibt drei sichere Kennzeichen äußerer Schönheit, die man weder kaufen kann noch einfach so von der Natur geschenkt bekommt – die sich nur von innen heraus entwickeln lassen:

ANMUT: Wirklich schön kann nur sein, wer sich der eigenen Schönheit nicht bewusst ist, also nicht ständig darüber nachdenkt, wie er/sie nach außen wirkt. Diese Unbewusstheit, wie Kleist klar erkannte, ist die Voraussetzung der Anmut. Eine graziöse Erscheinung ist das Gegenteil einer einstudierten Rolle (s. Kap. 6). Inszenierungen sabotieren die natürliche Anmut ebenso wie mangelnder Feinsinn: Ein Mann, der im Großraumabteil eines ICE mit ausgefahrenen Ellbogen und nach außen gespreizten Oberschenkeln stundenlang in sein Smartphone brüllt, kann noch so ausgeprägte Muskelpakete besitzen und noch so ebenmäßige Gesichtszüge. Aber er kann niemals anmutig sein. Ob ein Mensch anmutig ist oder nicht, zeigt sich in der kleinsten Regung. Es gibt keine Regel, die über einen bestimmten Grad an Grazie entscheiden würde. Anmut lässt sich weder vermessen noch vergleichen. Jeder graziöse Mensch ist graziös auf seine eigene Art – und genau darin besteht sein *Je ne sais quoi,* ein »gewisses Etwas«, das man nicht in Worte fassen kann.

Der beste Weg zur Anmut ist die Selbstvergessenheit. Eine faltenlose Stirn und volles Haupthaar machen selbstbewusst – Singen, Musik hören, Tanzen, Lesen, Fotografieren, Meditieren machen selbstvergessen. Kontemplative Aktivitäten erhöhen unsere Sensibilität dafür, dass unser Äußeres längst nicht so spannend ist wie die Welt, in der wir uns befinden.

STIL: Stil ist die Königsdisziplin der Mode. Mode ist ein Handwerk, Stil eine Kunst. Stil ist das, was jeden beliebigen Rock – oder sogar eine Wollmütze – zu einem einzigartigen ästhetischen Erlebnis machen kann. Einem Erlebnis von unverwechselbarer Eleganz und sicherem Geschmack. Den Stil eines anderen kann man nicht kopieren, aber man kann sich inspirieren lassen. Nicht die Anhäufung von Markenkleidung entscheidet über eine stilvolle Erscheinung, sondern die Art und Weise, wie ein Rock, ein Hemd oder eine Krawatte getragen wird. Entscheidend sind natürlich auch der Anlass und das Motiv der Kleiderwahl. Eine Frau, die im Satinkleid zum Bäcker geht, kann albern oder stilvoll wirken, je nachdem, was sie dazu bewegt. Vielleicht hat sie für sich beschlossen, dass dies der Aufzug ist, der ihrer inneren Verfassung *jetzt* am meisten entspricht, der momentan beste Weg, so zu erscheinen, wie sie ist. Dann wird ihr Satinkleid vor dem Hintergrund von Brötchen, Brezeln, Nusshörnchen und Kuchenteilen so selbstverständlich wie atemberaubend wirken. Stilvolle Menschen weichen auf intelligente Art von modischen und gesellschaftlichen Normen ab. Was die Kenntnis dieser Normen natürlich voraussetzt. Jemand, der keine Ahnung von Geschichte, Gesellschaft, Traditionen, Etikette, Manieren, Kunst und Kostümen hat, kann unmöglich Stil haben. Kleinkindern, *fashion victims* und Paris Hilton ist stilvolles Auftreten *per definitionem* verwehrt. Denn ihnen fehlen die Grundvoraussetzungen: Urteilsvermögen, Bildung, Lebenserfahrung, Esprit. Eine stilvolle Person weiß, dass es, um attraktiv zu wirken, nicht ausreicht, ein Faible für

Mode, Neuheit und Wandel zu haben. Man braucht auch gute Kenntnisse darüber, wer man ist. Man muss im Großen und Ganzen wissen, worum es sich bei dem eigenen »Ich« handelt, diesem seltsamen, sich ständig wandelnden Konstrukt.

»Stil ist die Physiognomie des Geistes«, schrieb Schopenhauer. In diesem Sinne gilt: Entwickle deinen Geist (s. Teil 3), und es ist egal, was du trägst. Stil verhält sich direkt proportional zur Anzahl unserer grauen Zellen. Ein dumpfer Geist lässt sich mit einem modischen Äußeren gerade noch kaschieren – nicht aber die aus ihm resultierende Stillosigkeit. Denn Stil bezieht sich auf Kleidung und Benehmen eines Menschen gleichermaßen. Er lässt sich nicht erzwingen, entwickelt sich aber ganz automatisch, wenn wir darauf achten, wie wir uns verhalten, was wir sagen, mit welchen Menschen wir uns umgeben. Und welche Accessoires wir auswählen. Eine Handtasche, eine Hantel – oder ein Buch? Das stilvollste Accessoire ist immer ein Buch. Dies hat auch Carine Roitfeld, die langjährige Chefredakteurin der französischen *Vogue,* erkannt: »Was eine Frau gelesen hat, mach sie attraktiver und eleganter als das, was sie trägt.« In Nietzsches Worten: »Den Stil verbessern – das heißt die Gedanken verbessern.«

HALTUNG: Seit über fünfzig Jahren gibt es ein Haarspray, das »perfekten Halt« bei Regen, Wind und Sonne verspricht: ein unerlässliches Produkt, besonders für die moderne Businessfrau, die von Flughafen zu Flughafen jettet. Was bei der Haarpflege der Halt, ist im Leben die Haltung – ein bei jeder Witterung gleichbleibender Zustand. Die schönste Frisur fällt in sich zusammen, wenn sie nicht die richtige Pflege erfährt. Die schönste Frau kann unattraktiv wirken, wenn sie in schwierigen Zeiten keine Haltung zeigt. Wenn sie den ihr zugeteilten Herausforderungen mutlos begegnet, ohne ein Gespür dafür, was ihre Persönlichkeit ausmacht und was ihr wirklich wichtig ist. Haltung ist die Voraussetzung für Anmut und Stil. Ihre

Basis ist die Ethik. Das altgriechische Wort für Ethik ist *ethos*, das zwei Grundbedeutungen hat: erstens Gewohnheit und zweitens Charakter. Beides zusammengenommen meint: Wer sich daran gewöhnt, aus Einsicht und Überlegung das zu tun, was in moralischer Hinsicht erforderlich ist – nämlich besonnen, vernünftig, mutig und gerecht zu handeln – sorgt dafür, dass sich diese Gewohnheit zu einer Grundhaltung verfestigt. Das Schöne braucht das Gute, um nicht von Arroganz, Dummheit, Feigheit oder Verzweiflung entstellt zu werden. Denn das Leben ist kein Wellnessurlaub. Das Leben selbst macht nicht schön. Viele berufliche und private Umstände sind alles andere als vorteilhaft für unser Aussehen. Ohne eine entsprechende innere Haltung würden wir ständig weinen, wütend, ängstlich und verkrampft sein, oder, genauso schlimm, in uns zusammenfallen und uns langweilen. Nicht umsonst legten die stoischen Philosophen so großen Wert auf Beherrschung und Mäßigung. Der Stoiker Epiktet (ca. 50–125 n. Chr.) (s. Kap. 7) schrieb: »Wenn du dich also zu einem solchen (beherrschten) Menschen entwickelst, wirst du sicherlich schön werden. Solange du dies jedoch vernachlässigst, bleibst du notwendigerweise hässlich, auch wenn du mit noch so vielen Künsten versuchst, schön zu erscheinen.«

Der stoische Kaiser-Philosoph Marc Aurel (121–180 n. Chr.) fasste sich kürzer: »Man soll aufrecht stehen, ohne aufrecht gehalten zu werden.«

Menschen, deren äußere Schönheit sich nach und nach in innere Haltung verwandelt, bleiben ein Leben lang attraktiv. Ihre Haltung triumphiert über das Hässliche in ihrem Leben. Sie können kleinere Frustrationen weglächeln, weil sie ein Gespür für die wirklich wichtigen Dinge entwickelt haben. Und wirklich wichtig ist nur, was jenseits der Sorge um das eigene Aussehen liegt: aus sich selbst einen guten, glücklichen Menschen zu machen, der die Welt am Ende etwas weiser verlassen kann, als er sie betreten hat.

Wer schön sein will, muss lernen. Denn die äußere Attraktivität lebt von der geistig-seelischen Schönheit, und dies wird umso klarer, je mehr (Lebens-)Zeit vergeht. Schönheit besitzt man nicht, man *ist* schön.

Was »schön« im Einzelnen bedeutet, wird im wirklichen Leben meist nicht von Chirurgen, Kosmetikern, Ästhetikern und anderen Experten entschieden. Sondern von Liebenden. In der Realität liegt Schönheit oft weder im Auge des einen noch des anderen Betrachters, sondern im Blickwechsel zweier Menschen. Mit anderen Worten: in der gegenseitigen erotischen Anziehung. Aber was ist eigentlich Erotik? Was hat sie mit innerer Schönheit zu tun – und was mit seelischer Krankheit? → *Teil II*

II

Seele

4   Eros vs. Porno: Warum wir Schönheit begehren

Immanuel Kant, der große Aufklärer und Rationalist, klammerte strikt aus, was über das Vergnügen der reinen Kontemplation hinausgeht: Begehren, Verlangen, Gier nach dem Schönen. Er bestand darauf, die ästhetische Lust eines Menschen als »ganz gleichgültig« und »ohne alles Interesse« zu beschreiben (s. Kap. 3): »Ein jeder muss eingestehen, dass dasjenige Urteil über Schönheit, worin sich das mindeste Interesse mengt, sehr parteilich und kein reines Geschmacksurteil sei«, behauptete er.

Triebhaftigkeit hat im Rahmen von Kants »kastriertem Hedonismus« (Theodor W. Adorno) keinen Platz. Das Motiv hierfür liegt auf der Hand: Nichts bringt die Herrschaft des kühl urteilenden Verstandes schneller zu Fall als der animalische Drang nach Schönheit. *Liebe* ist aufgrund des ihr eigenen erotischen Trachtens die natürliche Feindin zweckfreier Kontemplation. Nichts ist parteilicher und distanzloser als das Interesse eines/einer Liebenden an der Attraktivität des/der Geliebten. Wenn ein Mann sich in eine Frau verliebt, ist sie seine Venus, egal, wie sie aussieht. Weder ihre kurzen Beine noch ihre Akne können ihn daran hindern, sie zu vergöttern. Sein ästhetisches Urteil kann durch nichts widerlegt werden, erst recht nicht durch wissenschaftliche Belehrungen. Sobald Erotik im Spiel

87

ist, spielen die Kriterien der Objektivität endgültig keine Rolle mehr, und Schönheit wird zu einer Frage individueller Präferenzen. So gesehen können wir (die liebeswilligen Frauen) eigentlich auf sämtliche Verschönerungsprozeduren verzichten, uns einen Damenbart stehen lassen und nach Herzenslust unsere Besenreiser exponieren. Im Prinzip brauchen wir uns nur zurückzulehnen und an Freud zu denken: »Die ›Schönheit‹ und der ›Reiz‹ sind ursprünglich Eigenschaften des Sexualobjekts.«

Aber wovon sprechen wir eigentlich, wenn wir von Erotik sprechen? Denken wir uns zwei Brüder, Peter und Paul. Peter hat ziemlich genaue Vorstellungen von einer attraktiven Frau: Sie sollte volle Lippen haben, lange Locken und einen unterdurchschnittlichen Intelligenzquotienten. Wenn er eine Frau gefunden hat, die die genannten Merkmale in sich vereint, ist er begeistert – aber nicht allzu lang. Sobald ihm eine neue mit ähnlicher Ausstattung ins Auge sticht, lässt er die alte stehen. Peter ist am laufenden Band »verknallt«.

Paul dagegen liebt seit gut zehn Jahren Jean, eine Mathematikerin, die keinem der gängigen Schönheitsideale (s. Kap. 1) entspricht. Je länger er sie kennt, desto mehr liebt er sie, und je mehr er sie liebt, desto schöner findet er sie. Sie ist der wichtigste Mensch in seinem Leben. Paul fühlt sich überreich beschenkt. Peter nicht minder. Wo liegt der Unterschied?

Daniela Katzenberger und der Gartenzwerg

Peter ist auf den *Effekt* aus, den gewisse Repräsentantinnen der Damenwelt auf ihn ausüben. Paul will *Inspiration* – er ist darauf aus, von Jeans ureigener Schönheit angeregt, begeistert, erleuchtet zu werden. Peter peilt eine möglichst effektive Befriedigung seines Sexualtriebs an. Von seiner subjektiven Warte aus mag er ein erfülltes Liebesleben haben – objektiv betrachtet ist das Spektrum seiner erotischen Entfaltungsmöglichkeiten ziemlich begrenzt.

Sigmund Freud (1856–1939), der Begründer der Psychoanalyse, bemerkte in seiner Abhandlung *Das Unbehagen in der Kultur* (1930) trocken:»Das Sexualleben des Kulturmenschen ist doch schwer geschädigt, es macht mitunter den Eindruck einer in Rückbildung befindlichen Funktion, wie unser Gebiss und unsere Kopfhaare als Organe zu sein scheinen.« Freud führt seine Diagnose auf die verheerende Wirkung zurück, die gesellschaftliche Konventionen auf das Triebleben des Einzelnen haben, allen voran das Dogma der unauflösbaren Verbindung von Mann und Frau in der »Einehe«. Seit Freud hat dieses Dogma ziemlich viel an Wirkkraft verloren – an seine Stelle ist ein anderes getreten, das ein passioniertes Liebesleben ebenso vehement verbietet: die absolute, nicht verhandelbare Priorität der Arbeit vor allen anderen Tätigkeiten. In einer Welt, die vom durchschnittlichen Arbeitnehmer ständige Verfügbarkeit und allseitige Flexibilität bei größtmöglicher Unsicherheit des Beschäftigungsverhältnisses verlangt, ist für das Ausleben authentischer Leidenschaft nicht mehr viel Platz. Woher soll ein Mensch, der auf Bildschirme glotzen muss, bis ihm die Augen tränen, auch die Zeit dafür hernehmen? Wie soll er die Kraft aufbringen, jemand anderen dauerhaft zu begehren, von ihm/ihr zu träumen, zu schwärmen? Da es bis zum nächsten Telefonat, zur nächsten Konferenz, zum nächsten Kundenbesuch nie lange hin ist, sorgt er dafür, dass seine Träume so bald wie möglich wahr werden. Er sucht sich einfach ein paar schnell verfügbare Reize zusammen, die eine sichere, reproduzierbare Wirkung auf ihn haben. »Man will das Äußere haben, das man kennt, und nichts Innerliches, das man erst erkennen muss«, schrieb der österreichische Schriftsteller Fritz Karpfen (1897–1952) in den 1920er-Jahren. In Zeiten chronischen Zeitdrucks gilt dies mehr denn je.

Wer ständig im Stress ist, hat kein Ohr für Zwischentöne. Er reagiert auf das Eindeutige, nicht auf das Vielschichtige. Seit Stress ein Massenphänomen geworden ist, schafft es die Pornografie spielend, die Erotik zu verdrängen. Es gibt kaum noch jemanden, der Sexshops anrüchig findet. Schließlich werden in Sexshops Gebrauchsgegenstände verkauft, genau wie in Autohäusern. Aber anders als Autohäuser drehen Sexshops ihren Kunden Mogelpackungen an: Wo »Eros« draufsteht, ist »Porno« drin. Ist das schön?

Verglichen mit allen anderen menschlichen Schönheiten stellt die pornografische Schönheit einen Sonderfall dar: *Sie besteht in der Addition von Körperteilen, die in keinerlei Zusammenhang mit dem Wesen ihres Trägers steht.* Die Attraktion der pornografischen Schönheit liegt allein in ihrer schrillen Oberfläche. Sie entfaltet sich nicht subtil und allmählich vor dem Auge des Betrachters, sondern springt ihm dreist ins Gesicht. Das paradigmatische Beispiel ist Daniela »die Katze« Katzenberger, eine in Deutschland zu großem Medienruhm gelangte Kosmetikerin. Die Zutaten ihrer Schönheit sind:

- ca. 150 000 wasserstoffblonde Haare
- 1 Kopf mit hoher, gewölbter Stirn (Inhalt unbekannt)
- 2 auf die Stirn tätowierte Augenbrauen
- 1 Paar pinkfarbene Lippen
- 32 gebleichte Zähne
- 2 melonenförmige Brüste
- 4 sonnenstudiogebräunte Gliedmaßen
- *Bonusmaterial:* 1 penetranter Ludwigshafener Akzent

Kaum einer ihrer männlichen wie weiblichen 1 530 903 Facebook-Anhänger (Stand: Februar 2013) interessiert sich für die seelischen Regungen oder den Geist der »Katze«. Mit dem Verkauf von Schuhen, WC-Deckeln mit ihrem Konterfei und eines Buchs über die Vorteile der Dummheit kümmert sie sich

Daniela Katzenberger, 2012

geschickt darum, dass das auch so bleibt. Der Triumph katzen-
bergerscher Oben-ohne-Chuzpe ist exemplarisch für die Nor-
malisierung der Porno-Ästhetik in einer Zeit, in der sich alles
um Arbeit, Leistung und Bilanzen dreht. Das heißt nicht, dass
nun stündlich mit dem Untergang des Abendlandes zu rechnen 91

ist. Es heißt bloß, dass unser Alltag unaufhaltsam vom Kitsch infiltriert wird. *Denn Porno ist nichts anderes als Kitsch.*

Niemand kennt den genauen Ursprung des Begriffs »Kitsch«; vielleicht stammt er von »kitschen«, dem mundartlichen Ausdruck für »Schmutz zusammenscharren, eilig und billig verkaufen«. Kitsch ist der Sammelbegriff für ästhetisch minderwertige Produkte der Kunst und des Kunsthandwerks, des Films *(Vom Winde verweht),* der Reklame (Paul Potts für Telekom) und des Designs (der Gartenzwerg). Minderwertig sind dabei aber nicht die künstlerischen Techniken, mit denen Kitschobjekte hergestellt werden, wie wir an Daniela Katzenbergers virtuos inszeniertem Sexbomben-Klischee sehen. Was den Kitsch – die Pornografie – minderwertig macht, ist vielmehr seine *Falschheit.* Das Fundament des Kitsches ist die Lüge, die Illusion. Der Kitsch ist eine Traumwelt, die nichts zu wünschen übrig lässt, in der keine Sehnsucht ungestillt bleibt. In dieser Welt gibt es kein Outsourcing und kein Downsizing. Jeder bekommt ein Upgrade, jeder darf so schön, erfolgreich und reich sein, wie er will. Alle Frauen sind vollbusig und emotional, alle Männer muskulös und unerschrocken. Alle fahren einen Rolls-Royce oder haben zumindest eine Finca. Jeder wandelt andauernd in der Sonne und lächelt permanent. Das ganze Leben ist wahnsinnig lustig (siehe *Daniela Katzenberger – natürlich blond, Die Geissens – eine schrecklich glamouröse Familie,* über das Jetset-Leben einer Millionärsfamilie und ähnliche vor Kitsch triefende Realitysoaps). Wo sich Höhepunkt an Höhepunkt reiht, schwebt man, unbehelligt von Problemen, von einer Erregung zur nächsten. Kreisch!

Das Kitschige an der Pornografie bzw. das Pornografische am Kitsch besteht aber nicht nur in der Lügenhaftigkeit, sondern auch im *vorfabrizierten Effekt.* Wer sich von kitschiger Pornoästhetik verzaubern lässt, fühlt nicht mehr selbst – er lässt sich *vorschreiben,* was er zu fühlen hat. Was für Daniela Katzenbergers melonenförmige Brüste gilt, gilt auch für die

Plüschtiere, die in den Geschenkeshops von Flughäfen feilgeboten werden: Sie lassen dem Verbraucher keine Wahl. Er *muss* fühlen, was er fühlt (Plüschtiere → Sentimentalität bzw. Brüste → sexuelle Stimulation). Wenn wir, völlig ausgepowert, zwischen zwei Langstreckenflügen einen Teddybären in die Hand nehmen, erliegen wir leicht der Illusion, dieses flauschige Etwas könne über die Härte der globalisierten Arbeitswelt hinwegtrösten. Kaum haben wir (in sentimentalen Gedanken an unsere lang vergangene Kindheit) verstohlen ein, zwei Tränen verdrückt, ist das unbeseelte Ding auch schon bezahlt und eingetütet. Kitschobjekte verlangen rein gar nichts von ihrem Besitzer: Sobald ihr Charme verblasst ist, kann man sie ohne Gewissensbisse entsorgen. Die »Sexiness« von Teddybären, aufgepumpten Brüsten, röhrenden Hirschen oder pinkfarbenen Fußnägeln ist rein oberflächlich – und daher anstrengungslos konsumierbar. In den Worten des italienischen Philosophen Umberto Eco (* 1932):

»So ist es denn nur logisch, dass der Kitsch, als prompt genießbarer *Ersatz* der Kunst, die ideale Nahrung für ein träges Publikum bildet, das sich den Werten der Schönheit verschreiben und an ihnen teilhaben möchte, ohne sich in Verständnisanstrengungen üben zu müssen.«

Sich »Instant«-Gefühle frei Haus liefern zu lassen, ist bequem, aber ziemlich unbefriedigend. Der kitschig-pornografische Effekt schmeckt schnell schal, verlangt also nach ständiger Wiederholung. Das ist der Nachteil des »Modell Peter«. Peter und alle (meist unwissentlichen) Anhänger der Porno-Kultur sind unfähig, die Ebene der Kurzzeitreize zu verlassen. Andere, höhere Dimensionen des Schönen entgehen ihrem Radar.

Jenseits von Beate Uhse: der platonische Eros

Für Freud lag der Nutzen von Schönheit darin, dem menschlichen Sexualempfinden zu dienen. Einen höheren Sinn konnte er partout nicht in ihr entdecken – ganz anders als Platon in seinem Werk *Das Gastmahl (Symposion)*. Darin geht es wieder hauptsächlich um Sokrates, genauer: um Sokrates' Erotik. Erstaunlich, wenn man bedenkt, dass Sokrates, die historische Persönlichkeit, von erlesener Hässlichkeit war. Die älteste bekannte Büste zeigt ihn mit einem runden, kahlen, eiförmigen Schädel, dicken, verschwollenen Augenlidern, einer breiten Stummelnase, einem ungepflegten Bart und mit wulstigen Backenknochen. Trotz seiner Unansehnlichkeit war es eine von Sokrates' Lieblingsbeschäftigungen, gut gebauten jungen Männern nachzustellen. Und wie im *Gastmahl* zu lesen ist, fühlten sich die Jünglinge ihrerseits von ihm angezogen. Was hat das zu bedeuten? Will Platon behaupten, dass hässlich sexy ist?

Natürlich nicht. Platon geht es darum, die Natur des Eros zu schildern, jenes großen göttlichen Wesens *(daimon megas),* das zwischen der Welt der Götter und der der Menschen vermittelt. Der himmlische Eros bringt uns dazu, das Schöne *in seiner ganzen Vielfalt* zu begehren. Unter seinem Einfluss wird uns klar, dass schöne, wohlgestaltete Körper nicht alles sind. Mehr noch: dass sie nur eine Schrumpfform der übermenschlichen, ewigen Schönheit darstellen. Für Platon ist Sokrates' Art zu philosophieren das erotische Geschehen *par excellence*. Der Autor präsentiert Sokrates als Prototyp einer schönen Seele: Er verkörpert einen seelisch, nicht körperlich Liebenden, der im Dialog mit seinen Geliebten Weisheit erzeugt. Das wahrheitsliebende Gespräch, in das Sokrates (durch das Sprachrohr Platons) sein Gegenüber verwickelt, folgt einem Stufenweg:

- vom schönen **Körper**
- zur schönen **Seele**
- zur schönen (moralischen) **Lebensführung**
- zur schönen (wahren) **Erkenntnis**
- zur **Idee des Schönen** (und Guten), deren Glanz alles irdisch Schöne erstrahlen lässt

Der von Eros seelisch beflügelte Sokrates hält sich aber nicht bloß noch in vergeistigten Höhen auf (wo sich die Verwandtschaft des Schönen mit dem Guten und Wahren zeigt). Dazu ist er viel zu sehr auf die körperliche Schönheit fixiert. Philosophierend pendelt er vielmehr zwischen den einzelnen Stufen hin und her.

Eros entfacht sowohl die sexuelle Begierde als auch die rein kontemplative Liebe zum Schönen. Entsprechend gibt es ihn in zwei unterschiedlichen Versionen: der niederen, geschlechtlichen und der höheren, übergeschlechtlichen. Ziel der erotischen Liebe ist in jedem Fall, sich mit dem Schönen zu vereinen und im Zeugungsakt an der Ewigkeit teilzuhaben, also ein Stück von der eigenen Endlichkeit abzulegen. Dabei werden entweder – bei der geschlechtlichen Vereinigung – Kinder produziert. Oder aber der Mensch verbindet sich seelisch mit Schönheit: Dann kann er zum Beispiel große Dichtung (wie Homer) oder ein bedeutendes Gesetzeswerk (wie der athenische Staatsmann Solon) hervorbringen, die sein eigenes Leben überdauern, ihn berühmt, vielleicht sogar »unsterblich« machen.

Aber wie kann ein und derselbe Trieb – Eros – das sexuelle Verlangen nach schönen Knaben anstacheln *und* zur Kontemplation einer abstrakten Idee des Schönen verführen? Ist Platons Fokus auf die seelisch-geistige Liebe zum Schönen nicht allzu idealistisch? Oder anders: Ist es je einem Menschen gelungen, seine Gelüste nach einem saftigen Steak zu befriedigen, indem er sich in die Betrachtung eines Rinds versenkte?

Wohl kaum. Aber um diese Art brutaler Sublimierung geht es Platon auch gar nicht. Er will einfach zeigen, dass Begierden, die über das Körperliche hinausgehen – philosophisch gesehen – viel mächtiger sind. Davon zeugen die vielen jugendlichen »Fans« des Sokrates, die sich eben nicht von dessen breiter Nase und den Haarresten über seinen Ohren angezogen fühlten, sondern von seinem *pädagogischen Eros*. Einer der Teilnehmer am *Gastmahl*, der betrunkene (Im Wein liegt die Wahrheit!) Alkibiades, macht deutlich, wie sehr reife Weisheit unreife Jugend in den Bann zieht:

»Ich bin nun schmerzlicher gebissen, und da, wo der Biss am schmerzlichsten ist – am Herzen oder der Seele oder wie es zu nennen ist –, bin ich geschlagen und gebissen von den Worten der Philosophie, welche wilder als Nattern festhalten, wenn sie eine junge und nicht stumpfe Seele gefasst haben und machen, dass sie wer weiß was tut und sagt!«

Man muss kein altgriechischer Intellektueller sein, um die seelische Liebe der körperlichen vorzuziehen. Warum bei manchen Menschen der Zauber des geschlechtlichen Eros nicht wirkt, kann die unterschiedlichsten Gründe haben. Zum Beispiel eine Behinderung – oder eine Missbrauchserfahrung. Viele Vergewaltigungsopfer verstehen von Sex etwa so viel wie ein Farbenblinder von der Farbe Rot. Der Farbenblinde kann *denken:* »Dieser Ball ist rot«, aber er kann nicht sinnlich *wahrnehmen,* was diese Worte beinhalten. Genauso kann es Missbrauchsopfern mit der körperlichen Liebe gehen.

Trotz – oder eher: aufgrund – ihrer hässlichen Erfahrungen mit Sexualität werden einige von ihnen zu großen Erotiker/-innen. Sie werden Liebende der bildenden Künste und Musikliebhaber/-innen. Oder sie leben ihren erotischen Trieb aus, indem sie sich selbst künstlerisch betätigen, singen, malen oder dichten.

Die Fähigkeit, seelisch zu lieben, ist also nicht nur ein philo-sophisches Ideal. Sie hat vielfach eine ganz konkrete, mitunter überlebensnotwendige Bedeutung. Der platonische Eros erinnert uns daran, worum es in unseren eigenen Liebesbeziehungen gehen sollte: nicht um Gefühlseffekte, sondern um Inspiration. Nicht darum, sich von einer Ansammlung von Körperteilen stimulieren zu lassen, sondern in der geliebten Person – wie in einer Symphonie oder einem Gemälde – eine nie versiegende Inspirationsquelle zu entdecken. Der Mensch, zu dem wir uns hingezogen fühlen, sollte kein austauschbares Liebes*objekt* sein. Sondern ein einzigartiges, unersetzbares Liebes*subjekt* mit entsprechend einzigartigen Gefühlen und Gedanken, das wir in all seinen Dimensionen begehren: der äußeren, körperlichen und der inneren, seelisch-geistigen. Was es heißt, mit Leib, Herz und Kopf zu lieben, können wir in Marcel Prousts Roman *Auf der Suche nach der verlorenen Zeit* nachlesen:

»Es gab Abende, an denen ich auf meinem Weg durch die Stadt eine so starke Sehnsucht nach Mme Guermantes empfand, dass ich kaum atmen konnte: Es war, als habe ein geschickter Anatom einen Teil meiner Brust entfernt und ihn durch einen gleichen Teil unkörperlichen Schmerzes ersetzt, durch ein gleiches Maß an Sehnsucht und an Liebe.«

Das ist der Preis der erotischen Liebe: Die Sehnsucht nach dem Schönen erfüllt und schmerzt gleichermaßen – körperlich, seelisch, geistig. Das schöne Wesen eines Menschen bedeutet für den, der es entdeckt hat, nicht nur Verlockung und Verführung, sondern auch Unsicherheit und Risiko. Denn man kann die Schönheit des/der Geliebten nie besitzen. Man kann sie immer nur begehren.

Die Rehabilitation des Kitsches in Zeiten fortgeschrittener Leidenschaftslosigkeit

Mit liebendem Blick zu ergründen, worin die äußere und innere Schönheit einer Person besteht, ist natürlich ziemlich zeitaufwendig. Es kann Jahre dauern, bis wir zu verstehen beginnen, was unseren Schatz so einzigartig macht. Bis dahin haben wir uns womöglich längst von ihm getrennt (oder er sich von uns). Warum also erst in die Tiefe gehen? Ist es nicht einfacher, schmerzloser, an der Oberfläche zu bleiben, mögliche Liebesobjekte nach reizvollen Attributen abzuscannen und in den ganz persönlichen Einkaufswagen zu legen? Den auf die eigene Bedürfnisstruktur angeblich optimal zugeschnittenen Menschen kann man problemlos im Netz bestellen. Online-Flirtbörsen bieten etwas für jeden Geschmack: von »sehr sportlich« bis »äußerst attraktiv«, von »diskret« bis »niveauvoll«. Mit zwei, drei Klicks kann jede Barbie ihren Ken finden, und jeder Ken seine Barbie. Wer das Echte (Eros) vom Unechten (Porno/Kitsch) nicht zu unterscheiden weiß, fühlt sich in jedem Fall gut bedient.

Auf der einen Seite stehen die *Pseudo-Erotiker* – auf der anderen die *Kitsch-Fanatiker*. Kitsch-Fanatiker durchschauen die Illusionsmaschinerie künstlicher Effekte zwar, bedienen sich ihrer aber dennoch gerne. Sie lassen sich in zwei Gruppen unterteilen:

GRUPPE 1: DIE HARDCORE-KARRIERISTEN: Sie haben gern alles unter Kontrolle. Wenn sie aus dem Menü pornografischer Lüste wählen, dann mit einem konkreten Ziel vor Augen. Sie entscheiden sich für zwei Stunden Leidenschaft, wie sie sich für vierzehn Stunden harte Arbeit entscheiden. Da sie üblicherweise bis zur Besinnungslosigkeit arbeiten, ersticken sie jeden Anflug von Erotik schon im Keim. Wenn sie nach Hause kommen, sind sie völlig erschlafft. Sie sehnen sich nach anstrengungsloser Gesellschaft: den Pornoseiten im Internet.

Manchmal reicht ihre Konzentration auch nur noch für eine halbe Folge *Daniela Katzenberger – natürlich blond.* Die Nachteile des akribisch geplanten Wechsels von Arbeit und Porno/Kitsch liegen auf der Hand: Einsamkeit, Abstumpfung, Selbstbezogenheit, zunehmende Uninspiriertheit.

GRUPPE 2: DIE CAMP-FETISCHISTEN: Ähnlich wie Gruppe 1 ist auch Gruppe 2 von der vorfabrizierten Ästhetik fasziniert, geht aber weitaus fantasievoller mit ihr um. Für die Camp-Fetischisten ist Porno/Kitsch Kult. Das (unübersetzbare) englische Wort »camp« steht für die Ironisierung des Geschmacklosen, wie die amerikanische Kulturkritikerin Susan Sontag (1933–2004) in ihren *Anmerkungen zu ›Camp‹* erklärt:

»Camp ist eine Art unter anderen, die Welt als ästhetisches Phänomen zu betrachten. …. Camp sieht alles in Anführungsstrichen: nicht eine Lampe, sondern eine ›Lampe‹; nicht eine Frau, sondern eine ›Frau‹. Camp in Personen oder Sachen wahrnehmen heißt die Existenz als das Spielen einer Rolle begreifen.«

Für kulturell gebildete Camp-Fetischisten ist eine »Frau« wie Daniela Katzenberger nicht Porno-Trash, sondern eine Inspirationsquelle, wie es Sokrates für Alkibiades war. Wenn sie glitzernde Oberflächen der Tiefe eines philosophischen Werks vorziehen, wenn sie ihr Heim mit Gartenzwergen, strassbesetzten Staubsaugern und Dolly-Buster-Statuetten vollstopfen, geht es ihnen nicht um Provokation. Ihr augenzwinkerndes Lob des schlechten Geschmacks ist vielmehr ein Racheakt. Sie rächen sich an der seichten und verlogenen Konsumwelt, die alles andere im Sinn hat als innere Schönheit.

Camp-Fetischisten unterscheiden sich von Hardcore-Karrieristen durch ihre Mission: Sie wollen mit ihrem Lebensstil übertriebener Inhaltslosigkeit auf das aufmerksam machen, woran es dieser Welt mangelt: *Echtheit.* An echter, tief empfundener Liebe zu Seele und Geist.

Die innere Schönheit eines Menschen können wir nur erkennen, wenn wir genug Seele besitzen, um uns für einen anderen leidenschaftlich zu interessieren und intensiv zu wissen begehren, was in seinem Kopf und seinem Herzen vorgeht. Jemanden zu lieben heißt, jemanden zu erkennen.

Aber jemanden zu erkennen heißt noch lange nicht, ihn zu verstehen. Zwischen zwei Leuten, die sich ein Rätsel sind, kann sich schließlich die tiefste Erotik entwickeln ... Aber warum ist das so? Und woher kommt es eigentlich, dass einige der unverständlichsten, unnormalsten Leute eine so ungeheure Sogkraft auf uns ausüben? → *Kapitel 5*

*»Nur oberflächliche Leute
urteilen nicht nach Äußerlichkeiten.
Das wahre Geheimnis der Welt
liegt im Sichtbaren, nicht im Unsichtbaren.«*

OSCAR WILDE

5 Die Diva: Warum schön auch schrecklich sein kann

Sterne sind leuchtende Kugeln aus Plasma, die durch ihre eigene Schwerkraft zusammengehalten werden. Der unserem Planeten nächstgelegene Stern ist die Sonne. Mit bloßem Auge können wir nachts bis zu sechstausend weitere Sterne als Lichtpunkte erkennen, deren Strahlungsenergie durch die Kernfusion in ihrem Inneren erzeugt und nach außen reflektiert wird.

Aber Sterne gibt es nicht nur im All, sondern auch auf Erden. Bei den irdischen Sternen – auch »Stars« genannt – handelt es sich um Menschen aus der Showbranche, die uns auf Fotos, von der Leinwand und von großen Bühnen entgegenstrahlen. Stars unterscheiden sich von den vielfach geklonten Allerwelts-Celebrities durch ihre Unverwechselbarkeit und Langlebigkeit. Wie ihre Pendants am Himmel verzaubert uns ihr auf Zelluloid und Schellack gebanntes Funkeln noch lange, nachdem sie selbst erloschen sind. Die Berühmtesten unter ihnen betören uns mit einer Ausstrahlung, die nicht von dieser Welt zu sein scheint: *Diven* wie Marilyn Monroe, Liz Taylor, Romy Schneider und Elvis Presley. Sie faszinieren nicht nur durch das, was sie haben – Eros (s. Kap. 4), Talent, Persönlichkeit, Charisma –, sondern mindestens genauso durch das, was sie nicht haben: Bodenhaftung. Die Diva will lieber funkeln, als sich an kleinkarierte Regeln und Vorschriften zu halten. Alles an ihr ist unnormal, extraordinär, exzessiv: die chronische Unpünktlichkeit (Marilyn Monroe), das spontane Absagen von Bühnenauftritten (Maria Callas), der hohe Verschleiß an Ehemännern (Liz Taylor).

Wenn wir Normalsterbliche einmal angefangen haben, für eine Diva zu schwärmen, können wir meist nicht mehr damit aufhören. Wir halten ihr die Treue, in guten wie in schlechten Zeiten. Wer Elvis liebt, liebt nicht nur den bahnbrechenden hüftenkreisenden Rock-'n'-Roller mit dem Engelsgesicht der 1950er-Jahre, sondern auch das fette Monster in den schauderhaften Ganzkörperanzügen der 1970er-Jahre. Für den Fan behält Elvis seine Attraktivität auch dann, wenn er längst nur noch eine Witzfigur ist und seine musikalische Virtuosität in einem Cocktail aus Koffein, Codein und Schnulzensongs ertränkt hat. Elvis bleibt für ihn ein Gott, nicht obwohl, sondern gerade *weil* er am Ende so tief sinkt. Dieser Widerspruch zwischen göttlicher Größe und menschlichem Scheitern unterscheidet die Diva von einer regulären Celebrity. *Die Diva ist eine fleischgewordene Paradoxie.* Sie ist schön *und* hässlich, großartig *und* erbärmlich zugleich. Weil sie zwischen Triumph und Niederlage, Enthusiasmus und Verzweiflung hin und her schwankt. Weil sie, mangels Bodenhaftung, die Grenzen zwischen Schein und Sein, zwischen Leben und Tod komplett ignoriert.

Von durchgedrehten Borderlinern und dauerberauschten Lebenskünstlern

1961 schrieb Marilyn Monroe in einem Brief an ihren Schauspiellehrer Lee Strasberg: »... Ich hoffe, dass ich nun endlich bald ein Stück Boden unter den Füßen fühlen werde, statt des ewigen Treibsands.«

Ihre Hoffnung erfüllte sich nicht. Im Jahr darauf starb sie, den Telefonhörer in der Hand und Unmengen von Chloralhydrat und Barbituraten im Körper. Doch Marilyns Stern leuchtet weiter – sein platinblondes Strahlen ist auf unzähligen Filmspulen und Fotografien konserviert. Sie dokumentieren eine magische Präsenz, die durch atemberaubende Körpermaße, einen schwänzelnden Gang und eine hingehauchte Stimme allein nicht zu erklären ist. Was Marilyn magisch macht, ist vor allem ihre *innere Ausstattung*. Eine seelische Verfassung, die ihr einerseits zu Weltruhm verhalf – und die es ihr andererseits unmöglich machte, sich in dieser Welt zurechtzufinden. Ohne die Zwangsläufigkeit, mit der sie erst wie Phönix aus der Asche stieg und dann steil abstürzte, wäre sie nie zur Diva geworden.

Marilyns Leben war alles, nur nicht öde. 1928 als Tochter einer geisteskranken Mutter und eines unbekannten Vaters in Los Angeles geboren, verlebt sie ihre trostlose Kindheit im Waisenhaus und bei diversen Pflegeeltern. Früh beginnt sie, als Fotomodell und Pin-up-Girl zu arbeiten. Sie färbt sich die Haare blond, nimmt Schauspielunterricht, bezirzt die richtigen Männer und ergattert einen Vertrag bei 20th Century Fox. Zielstrebig dreht sie einen Film nach dem anderen und pflegt sorgsam ihr Image: der Vamp mit den riesigen Kinderaugen und den gleichermaßen riesigen Brüsten, dessen charakteristische Mischung aus Naivität, Scharfsinn und Empfindsamkeit bald dem ganzen Planeten den Verstand raubt. Je größer Marilyns Ruhm, desto massiver ihr Tablettenkonsum, desto heftiger ihre Liebe zum Dom Pérignon (den sie zärtlich »Dom« nennt). Mitte der 1950er-Jahre beschließt sie plötzlich, eine seriöse Künstlerin zu werden. Sie unterzieht sich einer psychoanalytischen Dauerbehandlung, bildet sich an Lee Strasbergs legendärem Schauspielinstitut »Actor's Studio« fort und heiratet (in dritter Ehe) den Dramatiker Arthur Miller, den berühmtesten amerikanischen Intellektuellen seiner Zeit. Es folgen die Scheidung von Miller, eine Zwangseinweisung in die Psychiatrie sowie ein Techtelmechtel mit John F. Kennedy und seinem Bruder Robert. Die Produktion ihres letzten Films muss erst wegen ihrer vielen Fehltage und dann wegen ihres Ablebens eingestellt werden.

Eine von Marilyns größten Konkurrentinnen war die sechs Jahre jüngere Elizabeth Taylor. Liz hatte sich bereits mit zehn Jahren in Hollywood als Kinderstar verdingt und, dank ihrer enormen Zähigkeit, bis zum Ende ihres Lebens in über fünfzig Kinostreifen mitgewirkt. Anfang der 1960er-Jahre begegnet sie am Set des Monumentalfilms »Kleopatra« dem Mann ihres Lebens, dem walisischen Schauspieler und Alkoholiker Richard Burton. Die Leidenschaft ist so groß, dass Liz Richard gleich zweimal heiratet und sich ebenso oft von ihm scheiden lässt. Die zahlreichen Exzesse des Liebespaars verdrängen ihre künstlerischen Leistungen zusehends. Liz, wie Marilyn als eine der schönsten Frauen aller Zeiten gehandelt, mutiert mehr und mehr zu einem Nilpferd. In den 1970er-Jahren bringt der einst elfengleiche Star bis zu 180 Pfund auf die Waage. Alkohol und Medikamente hinterlassen ihre Spuren. In den 1980er-Jahren checkt sie zum ersten Mal in eine Entzugsklinik ein.

Verheerende Kindheit, kometenhafter Aufstieg, Weltruhm, Absturz: Ob Liz oder Marilyn – die Biografie der echten Diva gleicht stets einer klassischen Tragödie. Wie der griechische Philosoph Aristoteles (384–322 v. Chr.) schon vor langer Zeit erkannt hat, geht es bei der Tragödie vor allem um den *realitätsnahen Effekt:* »Die Tragödie ist … Nachahmung von Handelnden …, die Jammer und Schaudern hervorruft und hierdurch eine Reinigung von derartigen Erregungszuständen bewirkt«, heißt es in Aristoteles' *Poetik*.

Nichts ist erregender als der Kontrast zwischen Marilyns lebensfrohem Komödiantentum und ihrem nackten Leichnam. Nichts ist schauerlicher als die Hassliebe zwischen Elizabeth (»Fatty«) Taylor und Richard (»Pockmarks«) Burton, nichts jämmerlicher als ihre verlebten, von Wodka, Streitereien und

Schlägereien gezeichneten Gesichter – und nichts faszinierender. Die Diva wagt das, wovor wir uns fürchten. Sie lebt stellvertretend für uns unsere dunkelsten Seiten aus, enthüllt uns die Abgründe, die wir brav in uns verleugnen. Sie führt uns ein Schauspiel vor – die Tragödie ihres Lebens –, das unsere eigene langweilige Existenz wie ein Gewitter erhellt und reinigt. Das uns zeigt, was möglich wäre, wenn auch wir alle Grenzen missachteten, mit den bürgerlichen Konventionen brächen, die unseren Passionen, Süchten und Gelüsten den Riegel vorschieben. Wenn wir einfach durchdrehten …

Das Leben der Diva zieht in Form von Schnappschüssen, Filmaufnahmen und Presseberichten an uns vorüber. Nie ist klar, was wahr und was erfunden ist. Die Diva zeigt alles von sich und bleibt doch wie durch einen Vorhang von uns getrennt. Die Person, die sie ist, und die Rollen, die sie spielt, gehen gleitend ineinander über. Ihr Leben *ist* ein Film. Ob Liz Taylor Richard Burton anschreit, weil sie zu viel Wodka im Blut hat, ob er sie würgt, weil gerade ein Klatschreporter in der Nähe ist, ob sie ihn demütigt, weil sie George und Martha in *Wer hat Angst vor Virginia Woolf?* spielen, ist herzlich egal. Es kommt alles aufs Gleiche hinaus.

Was für die Diva wichtig ist, ist nicht das Wirkliche, sondern das Tragische. Eine Tragödie erzählt nicht, was wirklich stattgefunden hat, sondern, wie Aristoteles schreibt, »was geschehen *könnte,* d. h. das nach den Regeln der Wahrscheinlichkeit oder Notwendigkeit Mögliche.«

Es geht nicht um Fakten, sondern um verschiedene Möglichkeiten – eine mögliche Wahrheit, eine mögliche Lüge. Was für die Tragödie gilt, gilt auch für die Diven-Existenz: Nichts ist wahr, aber alles ist möglich. Es könnte sein, dass Marilyn wegen ihrer Verbindungen zur Mafia und zum Kennedy-Clan ermordet wurde. Es könnte auch sein, dass Elvis, das Idol aller kreischenden Mädchen, homosexuell war. Alles ist möglich, manches wahrscheinlich – aber nichts selbst verschuldet.

Elizabeth Taylor, Ende der 50er-Jahre ...

... und 2005

Zumindest nicht nach Aristoteles. Die beste Form der Tragödie handelt – so der Autor der *Poetik* – von einem moralisch einwandfreien Charakter, der aufgrund eines Irrtums ins Verderben gestürzt wird. Es ist also nicht die Schuld des Helden, sondern sein mangelndes Wissen über eine bestimmte Situation, die den Umschlag vom Glück ins Unglück bewirkt. Im Falle der Diva ist es die Unkenntnis jeglicher Form von Normalität. Sie weiß nicht, was normal, banal, alltäglich ist – sie kennt nur Ausnahmesituationen, vom extremen Glück zum extremen Unglück.

Da jede Tragödie ein zwangsläufiges Geschehen ist, hat alles, was der Diva widerfährt, eine innere Logik. Auf hell muss dunkel folgen, und auf dunkel rabenschwarz. Die Callas *muss* trotz des zunehmenden Verfalls ihrer Stimme weitersingen. Elvis und Liz Taylor *müssen* ihre äußere Schönheit zerstören (indem sie in Rekordzeit Hamburger, Eiscreme, Erdnussbutter und Chocolate-Chip-Kekse in sich hineinstopfen). Und Marilyn muss immer unfähiger werden, ihre Texte zu behalten. Für den Verlauf der Tragödie ist es geradezu zwingend, dass sie während der Dreharbeiten zum Film *Manche mögen's heiß* die Zeile »Wo ist der Bourbon?« siebzig Mal wiederholen muss, bevor sie ihr fehlerfrei über die Lippen kommt. Sie kann nicht anders, als ihren Regisseur Billy Wilder an den Rand des Nervenzusammenbruchs zu treiben – sie *muss* immer neue Grenzen überschreiten. Bis zur letzten Grenze: dem Tod.

Aber Drama allein macht noch keine Diva. Hinzu kommen müssen das stellare Strahlen – und eine geradezu unheimliche Sonderbegabung. Kein Regisseur hätte mit der unerziehbar mimosenhaften, selbstunsicheren, launischen Marilyn drehen wollen, wenn das Ergebnis nicht so phänomenal gewesen wäre. Kein Mensch hätte Elvis Presley angeschmachtet, wenn sein Gesang ohne künstlerischen Eros gewesen wäre. Ohne Elvis hätte es keine Beatles und keine Rolling Stones gegeben. Ohne ihn hätte ein Bürschlein namens Justin Bieber nicht die geringste Chance gehabt.

Berühmte Künstler sind schwierig. Aber sind sie schwierig, weil sie Künstler sind, oder weil sie berühmt sind? Was war zuerst da – die Henne oder das Ei? Und woran liegt es, dass alle Diven in gleicher Weise schwierig sind? Wenn wir die seelische Schnittmenge von Marilyn, Liz, Romy und Co. berechnen, erhalten wir folgendes Ergebnis:

* einen enormen Geltungsdrang und Ehrgeiz aufgrund einer überdimensionalen Sehnsucht nach Aufmerksamkeit
* Selbstzweifel, Ängste und Depressionen
* Süchte: Alkoholsucht, Drogensucht, Sexsucht, Fresssucht, Magersucht
* impulsive, unüberlegte Handlungen
* unberechenbare Stimmungsschwankungen
* die Unfähigkeit, eine stabile Beziehung zu führen und treu zu sein

Keine Diva ist mit einer anderen verwandt. Woher also diese erstaunliche Übereinstimmung? Für den Psychiater Borwin Bandelow ist der Fall klar: Nahezu jeder als Diva, Star oder Celebrity bekannt gewordene Mensch erfüllt die Kriterien des Borderlinetyps einer »emotional instabilen Persönlichkeitsstörung« – so seine Ferndiagnose. Nach dem internationalen Klassifikationssystem der Weltgesundheitsorganisation (WHO) zeichnen sich *Borderliner* durch ein unbeständiges Selbstbild, selbstzerstörerisches Verhalten, unklare Ziele und einige andere Eigenschaften aus, die einem glücklichen Leben ziemlich abträglich sind. Laut Bandelow werden Künstler zu Berühmtheiten, nicht obwohl, sondern *weil* sie Borderliner sind. In seinem Buch *Celebrities* führt er den Ehrgeiz, den Narzissmus und das unverwechselbare Charisma der Stars gleichermaßen auf eine kranke Psyche zurück. Seine These ist verblüffend einleuchtend. Wenn Liz Taylor die Innenräume ihrer Jacht mit Louis-XIV-Stühlen und Regency-Sofas ausstatten lässt und

»Pockmarks« einen Lafite Rothschild zum Lunch serviert, sind dies natürlich nichts anderes als »impulsive, unüberlegte Handlungen«. Wenn Richard Burton »Fatty« einen Diamanten für 1,1 Millionen Dollars kauft und ihr anschließend eine obszöne Beleidigung an den Kopf wirft, kann es sich ja nur um eine »unberechenbare Stimmungsschwankung« handeln. Liz' acht geschiedene Ehen untermauern die Borderlinethese ebenso wie Marilyns Depressionen und Elvis' geheimnisumwobene Sexualität. Das Problem ist nur: Die psychiatrische Gestörtheit erklärt noch lange nicht, woher das übernatürliche Showtalent und der eiserne künstlerische Selbstverwirklichungstrieb der Diva stammen.

Am Ehrgeiz allein kann es nicht liegen, dass Elvis Presley auf die Idee kam, die Grenzen zwischen weißer Countrymusik und schwarzem Rhythm-and-Blues einzureißen, was nichts weniger als eine Kulturrevolution bewirkte. Seine Medikamentenabhängigkeit mag auf ein tief greifendes seelisches Problem hinweisen – nicht aber sein Talent, das ebenso exzessiv war wie sein (späterer) Lebensstil. Die ungeheure Anziehungskraft von Elvis kann nicht allein daher rühren, dass er einen Sprung in der Schüssel hatte. Wie hätte Friedrich Nietzsche Bandelows These bewertet? Er hätte wohl eine Gegenthese aufgestellt: *Die Wurzel des Phänomens Diva ist nicht die Borderline-Erkrankung, sondern der dionysische Rausch.*

Der griechische Halbgott Dionysos (lateinisch: »Bacchus«) ist der Held von Nietzsches Werk *Die Geburt der Tragödie aus dem Geiste der Musik.* Dionysos, der Gott des Weines, der Ekstase, des Tanzes, des Theaters und der Erlösung, steht für das Dunkle und Entsetzliche ebenso wie für rauschhafte Lebenslust:

»Unter dem Zauber des Dionysischen schließt sich nicht nur der Bund zwischen Mensch und Mensch wieder zusammen: Auch die entfremdete, feindliche und unterjochte Natur feiert wieder ihr Versöhnungsfest mit ihrem verlorenen Sohne, dem Menschen.«

Das Dionysische inspiriert den Menschen zum Künstlertum. Es ist rauschhaft, mächtig und vital ... wie Elvis' von zuckenden Tanzschritten und laszivem Hüftkreisen begleiteter fiebriger Gesang, der eine ganze Generation ins Delirium trieb. Für Elvis und jede andere Diva ist die Kunst das »große Stimulans des Lebens« (Nietzsche), der Antrieb zu etwas Großem, (Über-)Mächtigen – und nichts anderes. Eine echte Diva findet weder im Ruhm noch im Geld eine nachhaltige Befriedigung. Sie arbeitet auf die spektakuläre Show, den sensationellen Auftritt, die perfekte Performance hin, weil sie weiß (vermutlich ohne Nietzsche gelesen zu haben): Nur die Kunst kann von den »Ekelgedanken über das Entsetzliche oder Absurde des Daseins« befreien – von den Traumata der Kindheit, den Zweifeln über die eigene Existenzberechtigung. Durch ihr Singen, Spielen und Tanzen versetzt die Diva aber nicht nur sich selbst, sondern auch ihr Publikum in Ekstase. Sie sehnt sich nach einem dionysischen Gemeinschaftserlebnis, das sie aus der Isolation ihrer extremen Lebensform befreit und ihr ein Gefühl der Zugehörigkeit verschafft. Da sie immer und überall dazugehören will, versucht sie, das künstlerische Rauscherlebnis – das ja mit dem Ende der jeweiligen Darbietung verpufft – auf das ganze Leben auszudehnen. Sie will sich am Leben so berauschen wie an ihrer Kunst. Dafür ist sie bereit, alles aufs Spiel zu setzen: ihr Aussehen, ihre Gesundheit, ihr Talent.

»Rausch, der im Gefolge aller grossen Begierden, aller starken Affekte kommt; der Rausch des Festes, des Wettkampfs, des Bravourstücks, des Sieges, aller extremen Bewegung; der Rausch der Grausamkeit; der Rausch der Zerstörung ... Das Wesentliche am Rausch ist das Gefühl der Kraftsteigerung und Fülle«, heißt es in Nietzsches Schrift *Götzen-Dämmerung*.

Mit Nietzsche wird klar, warum es für die Diva keine andere Lebensform als die der Tragödie geben kann: Es ist der *Wille zum Rausch,* der sie in göttliche Sphären aufsteigen – und in höllische Tiefen absinken lässt. Kunst muss Leben sein und

Leben Kunst. Musik, Theater, Poesie, Alkohol, Drogen, Sex: alles aus einem, und aus einem alles. Für die rauschfreudige Diva darf es immer ein bisschen mehr sein. Alles andere wäre ihr unerträglich. Was uns tragisch erscheint, ist für sie normal. Der Umschlag von Erfolg in Scheitern, von Schönheit in Hässlichkeit, von Kunst in Komödie ist die einzige Form von »Normalität«, die sie kennt, an der sie festhält bis zuletzt.

Gegen Aristoteles, der die Tragödie mit den »deprimierenden Affekten« Jammer und Schaudern in Verbindung brachte, betont Nietzsche, »dass die Tragödie ein Tonicum ist«, ein Stärkungsmittel. Wir sollen uns am Entsetzlichen erbauen, nicht an ihm verzweifeln. Genau das ist auch die Absicht der Diva: Sie will unterhalten, inspirieren und in ihrem Elend bewundert werden. Zauberhaft oder schauderhaft – *the show must go on.*

Warum Diven mehr erhaben als schön sind

Die Anziehungskraft von Diven besteht in ihrer Widersprüchlichkeit, ihrer Tragik, ihrer permanenten Berauschtheit vom Leben, der Kunst und den Drogen. Woraus wir schließen können, dass Madonna *keine* Diva ist. Madonna ist alles andere als eine Grenzgängerin. Sie hat partout nichts Tragisches an sich. Ihre Karriere läuft wie am Schnürchen. Ihre Selbstzweifel und Ängste scheinen (sofern überhaupt vorhanden) nicht sonderlich ausgeprägt. Es spricht einiges dafür, dass sie den Sinn des Lebens nicht im Rausch, sondern im Geldverdienen sieht.

Madonna entspricht dem Ideal der Superfrau. Eine Superfrau ist stark, aber nicht *sublim* (vom lateinischen Wort für Grenze, »limen«), nicht erhaben. In der Philosophie bezeichnet die Vorstellung des Erhabenen etwas Großes, Gewaltiges, Unvorstellbares, Unendliches, das über alle Grenzen hinausragt.

Erhaben nannten Philosophen aller Zeiten das, was durch Denken nicht durchdrungen werden kann. Was in jeder Weise unfassbar ist: Gott. Den Ozean. Die Poesie …

Der irische Philosoph Edmund Burke (1729–1797) verbindet die Begegnung mit dem Erhabenen mit einem halb lustvollen, halb schrecklichen Gefühl. Laut Burke provoziert das Erhabene in uns Schrecken, Erstaunen und Fassungslosigkeit, aber auch Bewunderung, Ehrfurcht und Respekt. Der Grund hierfür, schreibt er in seinem Werk *Philosophische Untersuchung über den Ursprung unserer Ideen vom Erhabenen und Schönen,* besteht in der Rätselhaftigkeit des Sublimen. Denn der Mensch kann nur etwas fürchten bzw. verehren, was jenseits seiner Vorstellungskraft liegt. Wie die unermessliche Weite einer Landschaft, das unendliche Rauschen eines Wasserfalls oder die Unüberschaubarkeit des Sternenhimmels. Das Unvorstellbare verwirrt und irritiert – es scheint irgendwie schmerzhaft und gefährlich zu sein (im Gegensatz zum Schönen, das Burke mit weiblichen Attributen wie Zartheit, Grazie, Eleganz und Schwäche assoziiert). Solange das Erhabene aber bloß als fiktive Bedrohung daherkommt, können die von ihm ausgelösten Gefühle durchaus angenehm sein. Zum Beispiel für das Publikum einer gelungenen Theateraufführung: »Je mehr (eine Tragödie) dem wirklichen Leben ähnelt und je weniger einer Fiktion, desto vollkommener ist ihre Wirkung.«

Wann immer wir »lustvollen Horror« empfinden, können wir sicher sein, dass wir es mit dem Erhabenen zu tun haben – einer Ästhetik des Schreckens. Für Burke steht fest: Sofern wir nicht selbst betroffen sind, lieben wir es, uns an schrecklichen Dingen zu erfreuen: »Zweifellos muss mein Leben außer Gefahr sein, bevor ich mich am realen oder imaginären Leid anderer ergötzen kann.«

Mit Burke kommen wir der geheimnisvollen Anziehungskraft der Diva noch ein Stück näher. Aufgrund ihrer ausgeprägten dunklen Seiten, der Verwandtschaft ihres Lebens mit der Tragödie und ihrer dem Rausch zugeneigten Seele ist die Diva eindeutig mehr erhaben als schön zu nennen. Genauer: Je älter sie wird und je deutlicher ihre seelische Verfasstheit zum Vorschein kommt, desto mehr weicht ihre Schönheit der Erhabenheit. Liz Taylor ist ein Paradebeispiel. Ihre Metamorphosen von der zarten Elfe zur aufgedunsenen Trinkerin zur gelifteten, überschminkten Rollstuhlfahrerin sind legendär. Mit jeder Transformation wurde sie gewaltiger, schreckenerregender, dionysischer – und verehrungswürdiger. Bis sie den Status einer Unsterblichen erreichte.

Darin gleicht sie Elvis Presley, der in seinen späten Auftritten wie eine Karikatur seiner selbst erschien und seine Standardsongs in immer der gleichen Abfolge wie alberne Kinderlieder herunternudelte. In der Liveshow »Aloha from Hawaii«, die 1973 via Satellit in über 40 Länder übertragen wurde, erscheint Diva Elvis in einem an Geschmacklosigkeit kaum zu überbietenden, strassbesetzten, tief ausgeschnittenen weißen Overall und Blumenkranz. Es ist nicht ganz klar, wie ernst Elvis »Elvis« zu diesem Zeitpunkt seines Lebens nimmt, ob er während des Konzerts noch er selbst ist oder sich selbst bloß noch spielt. Seine Darbietung ist halb lustlos, halb selbstironisch – und erzeugt so »lustvollen Horror« (Burke). Der Künstler ist kein Wirbelsturm mehr, nur noch ein laues Lüftchen. Die einstige Naturgewalt ist bloß noch andeutungsweise zu erkennen: an einer kleinen Zuckung, einem vorsichtigen Ausfallschritt. Wie in den 1950er-Jahren toben die Frauen, wenn er sein schweißtriefendes Taschentuch in die Menge wirft. Mit einem einzigen Unterschied: Damals tobten sie wegen seiner Performance – jetzt wegen seiner Präsenz. Ein paar sparsame Gesten reichen, um das Publikum in Ekstase zu versetzen. Denn in jeder ist sein übermächtiger Genius konserviert, für immer einbalsamiert. Elvis erscheint als Erhabenheit in Person.

Jede Diva möchte ein Zentralgestirn sein. Und jede hat ihre ganz persönliche Strategie, um es so lange wie möglich zu bleiben. Auch dann, wenn die künstlerische Kraft nachlässt. Der sublime Elvis ließ sich (von Präsident Nixon persönlich) zum Agenten der amerikanischen Rauschgiftbehörde ernennen: So konnte er, unbehelligt von Polizeikontrollen, als offizieller Drogenfahnder seinen riesigen Medikamentenbestand überall hin mitschleppen – und nach Herzenslust konsumieren. Elvis Presley beamte sich mit Tabletten in den Weltraum, Michael Jackson mit Propofol und Whitney Houston mit Kokain. Na und? Alle drei zählen zu den größten Stars, die unser Planet je hervorgebracht hat.

Der wohl am grellsten leuchtende irdische Stern aber ist Liz Taylor. Sie verzichtete auf die drogeninduzierte Beförderung zum Fixstern. Stattdessen ließ sie sich für ihren Kampf gegen AIDS von Königin Elisabeth II. in den Adelsstand erheben. So gelang »Dame Elisabeth«, was außer ihr kaum eine andere Diva schaffte: eine nochmalige Verwandlung vom Sublimen ins Würdevolle …

»Es ist eine Sache, eine Idee zu erklären, und eine ganz andere, diese Idee auf die Vorstellungskraft *einwirken* zu lassen. Die Dinge, die wir nicht verstehen, sind es, die all unsere Bewunderung erregen und hauptsächlich unsere Leidenschaften anstacheln«, schrieb Edmund Burke.

Die Seele der Diva zählt zu den rätselhaftesten Phänomenen überhaupt. Man kann sie interpretieren, aber nicht verstehen. Sie sperrt sich gegen jeden endgültigen Entschlüsselungsversuch – um nach außen jenes erhabene Strahlen zu entfalten, von dem wir uns nicht losreißen können.

Das Phänomen Diva beweist: Nicht immer ist es eine schöne, um Wahrheit und Moralität bemühte Seele, die einen Menschen anziehend macht. Im Gegenteil. Das verführerischste Charisma steckt in den abgründigsten Menschen. In Menschen, denen jedes Mittel recht ist, um die Wahrheit nach ihren Wünschen zu formen … → *Kapitel 6*

»Denn das Schöne ist nichts
als des Schrecklichen Anfang ...«

RAINER MARIA RILKE

6   Schöne Lügner: Warum Illusionen so verführerisch sind

Charisma ist eine besondere Art der Ausstrahlung, die alle Blicke auf sich zieht. In religiöser Hinsicht bezeichnet Charisma – vom altgriechischen Wort *chárisma* für »Gnadengabe« – die Fähigkeit, Offenbarungen oder Erleuchtungen zu empfangen. In der Showbranche ist es eine diventypische Eigenschaft (s. Kap. 5), die zur Mythenbildung beiträgt. Manchmal wächst Charisma auf dem Boden reiner Seelen. Manchmal ist es eine Waffe, die der Manipulation von Massen dient.

Was geschehen kann, wenn diese Waffe von einem Profi eingesetzt wird, zeigte sich am 28. November 1978. An diesem Tag werden in der Jonestown-Siedlung in Französisch-Guyana die Leichen von 913 Menschen gefunden, darunter 276 Kinder und Babys, alle Mitglieder der amerikanischen Sekte »People's Temple« (»Tempel des Volkes«). Die meisten sterben auf Geheiß ihres Anführers James Warren Jones an einer mit Zyankali versetzten Limonade. Wer sich weigert zu trinken, wird erschossen. Während die Toten von Helfern einer nach dem anderen zu Boden gelegt werden, sitzt Jones, schweißgebadet und vollgepumpt mit Barbituraten, auf seinem hölzernen Thron auf einer Empore. Ein Rinnsal von schwarzem Haarfärbemittel läuft von seinen Koteletten zu seinem Mund. Mit schwerer Zunge hält er eine Ansprache, deren letzter überlieferter Satz

117

lautet: »(W)ir haben aus Protest gegen die Zustände einer unmenschlichen Welt einen Akt des revolutionären Selbstmords begangen.«

Das Jonestown-Massaker ging als die größte kollektive Selbsttötung seit dem Jahr 73 n. Chr. in die Geschichte ein (damals nahmen sich 960 Juden in der Festung Masada am Toten Meer das Leben, um nicht den römischen Besatzern in die Hände zu fallen). *Warum?* Wie kann es sein, dass so viele in einem seelisch schwer gestörten Menschen ihren charismatischen Anführer, ihren »Vater« (»Father«) sahen? Worin bestand Jim Jones' Attraktivität? Was war so »schön« an ihm?

Jones, 1931 in Indiana geboren, ist ein von den Eltern weitgehend vernachlässigtes Kind, das mit Vorliebe Begräbniszeremonien für Tierkadaver ausrichtet. Jones spielt auch gern mit seinen Kumpels Kirche, wobei er stets die Rolle des Predigers übernimmt. Mit neunzehn tritt er ohne jegliche Qualifikation eine Pfarrstelle in einer Methodistengemeinde an. 1956 gründet Jones seine erste eigene Kirche »People's Temple«, eine Sekte, die vorgeblich für Rassengleichheit eintrat. In der Heilslehre, die der spätere Massenmörder propagiert, vermengt sich christliches Gedankengut mit den Lehren von Karl Marx, Fidel Castro, Martin Luther King, Gandhi, Josef Stalin sowie Adolf Hitler. Jones gibt einer wachsenden Anzahl von Bedürftigen eine Heimat – um sie durch sexuellen Missbrauch, Gehirnwäsche und ein ausgefeiltes Bespitzelungssystem gefügig zu machen. Während seiner bis zu sechsstündigen Gottesdienste stellen sich stets einige Anhänger krank, damit »Vater« an ihnen Wunderheilungen vornehmen kann. Das Geld seiner Jünger investiert er in Sozialeinrichtungen und in die Politik. Er wird Mitglied und Sprecher des Bezirksschwurgerichts. Die Zeitung *Los Angeles Herald* ernennt ihn zum Humanisten des Jahres, und die »Martin Luther King Foundation« verleiht ihm einen Preis für seine Verdienste um die Menschlichkeit. 1974 nimmt er mit über tausend Anhängern in Guyana das »Landwirtschaftliche Projekt Jonestown« in Angriff, sein »Gelobtes Land«, das Schutz vor den Rassisten dieser Welt verspricht. Das sogenannte Paradies mutiert nach und nach zu einem streng bewachten Konzentrationslager, dem nur wenige lebend entkommen.

Die Schönheit einer Illusion

»(S)ein Gesicht war liebevoll … Der Blick aus seinen dunkelbraunen Augen war fest, verständnisvoll und warm«, schrieb das ehemalige Sektenmitglied Deborah Layton über ihre erste Begegnung mit Jim Jones.

»Ich habe mich dort … mit dieser ›Vaterfigur‹ geborgen gefühlt. Daran kann ich immer noch mit Wärme zurückdenken«, schrieb Traudl Junge, Adolf Hitlers letzte Sekretärin, über ihren Vorgesetzten. Hitler zählte zu Jones' wichtigsten Inspirationsfiguren.

Auf Fotografien von Jones ist das Charisma dieses schmierigen Typen nur an den bewundernden Blicken der anderen zu erkennen. Das Gleiche gilt für Hitler, der mit seinem abgezirkelten Oberlippenbart und seiner schlecht sitzenden Uniform eine ziemlich armselige Figur abgab. Bei Jones und Hitler hätte wohl auch ein Profistyling keine Verbesserung bewirkt. Das Merkwürdige ist: Es wäre auch gar nicht nötig gewesen. *Denn nichts ist charismatischer als die Illusionen,* die diese Männer so meisterhaft verkörperten.

Hitler faszinierte die Massen nicht durch das, was er war, sondern durch das, was er *nicht* war: eine Vaterfigur, ein Erlöser, eine große politische Autorität. Was wir heute in ihm sehen, ist die Lüge. Was seine Anhänger damals in ihm sahen, war die Wahrheit. Zu manchen Zeiten und an manchen Orten stellt sich die Lüge wahrer – und schöner – dar als die Wahrheit.

Sektengründer Jim Jones

Wie Jim Jones begann der geborene Österreicher Hitler
als absoluter Dilettant. Er brach die Realschule ab und schei-
terte an der Aufnahmeprüfung für die Wiener Kunstakademie.
120 Bis zu seinem fünfundzwanzigsten Lebensjahr führt er eine

Adolf Hitler, um 1938

»Frührentner- und Bohemeexistenz«, wie es der Historiker Sebastian Haffner (1907–1999) in seinen *Anmerkungen zu Hitler* formuliert. Nach dem Ersten Weltkrieg schließt sich Hitler in München der antisemitischen deutschen Arbeiterpartei an, die – dank Hitler – als »Nationalsozialistische Deutsche Arbeiterpartei« bald zu einer Massenbewegung heranwächst. 1933, als er Reichskanzler wird, gibt es noch knapp fünf Millionen Arbeitslose, drei Jahre später herrscht Vollbeschäftigung. Es ist dieser Anfangserfolg, durch den Hitler das Volk für sich gewinnt und der seine Kritiker mehr und mehr verstummen lässt.

Wie Jim Jones tritt auch Hitler mit einer ganz eigenen Vorstellung vom Paradies an: der Vorherrschaft der blonden, blauäugigen, athletischen germanisch-deutschen Rasse über ein Heer minderbemittelter Nachbarvölker. Für viele deutsche Frauen ist der »zuckersüße Adolf« (so ein zeitgenössischer Fanbrief) ein Traummann. Dass weder der Führer selbst noch sein engster Kreis, der pausbäckige Heinrich Himmler, der schmächtige Joseph Goebbels und der vierschrötige Hermann Göring, auch nur ansatzweise dem ästhetischen Ideal des »Ariers« entsprechen, scheint niemanden zu stören.

Als sich der Zweite Weltkrieg nicht so entwickelt, wie Hitler es sich vorstellt, und als ihm klar wird, dass sich die Deutschen doch nicht als europäisches »Herrenvolk« eignen, wendet er sich gegen sie. 1941 stellt er fest:

»Ich bin auch hier eiskalt. Wenn das deutsche Volk einmal nicht mehr stark genug ist, sein Blut für seine Existenz einzusetzen, so soll es vergehen und von einer anderen, stärkeren Macht vernichtet werden. Ich werde dem deutschen Volk keine Träne nachweinen.«

Am Kriegsende hat er nicht nur »das Ungeziefer« vertilgt (fünf bis sechs Millionen Juden), sondern auch dafür gesorgt, dass von Deutschland nicht mehr als eine Trümmerwüste übrig ist. Hitler begeht wie sein Bewunderer Jones Selbstmord. Wie Jones reißt er die mit in den Tod, die ihn als etwas liebten und bewunderten, das er niemals war: eine Erlöserfigur. Die meisten erkennen zu spät, dass sich hinter dem »Schönen« das Böse verbirgt.

Die Maske des vermeintlichen Messias verschönert auch die Hässlichsten – von Hitler zu Jim Jones, von Slobodan Milošević zu Osama bin Laden. Immer wieder gelingt es Kapitalverbrechern, die Macht an sich zu reißen – mit den immer gleichen Täuschungen:

EMOTIONALISIERUNG: So sehr sich Hitler anfangs im kleinen Kreis mit seinen Ansprachen über die Politik und die Juden lächerlich macht, so groß ist seine hypnotische Wirkung auf die Massen. Seine an sich inhaltsarmen und unstrukturierten Reden versetzen die unterschiedlichsten Zuhörer in einen kollektiven Trancezustand. Wie Jones ist Hitler ein geborener Prediger. Reichspropagandaminister Goebbels vergleicht seine Auftritte mit Gottesdiensten. Pathetische Inszenierungen wie der aus Flakscheinwerfern gebildete monumentale »Lichtdom« beim Reichsparteitag 1936 in Nürnberg tragen dazu bei, dem Publikum den letzten Funken kritischen Verstands zu rauben und ihm vorzugaukeln, Zeuge einer Epiphanie, eines nie da gewesenen Aufbruchs zu sein. Eines Aufbruchs wohin? »Es ist nicht so sehr von Belang, *woran* wir glauben; nur *dass* wir glauben«, schreibt Joseph Goebbels.

Wenn der Einzelne in einer Menge aufgeht, geschieht etwas Merkwürdiges: Sein Denken wird von Emotionalität und Triebhaftigkeit geradezu überschwemmt. In seiner bis heute aktuellen Untersuchung *Psychologie der Massen* vergleicht der französische Soziologe Gustave Le Bon (1841–1931) die »Kollektivseele« der Menschenmasse mit dem Innenleben von Naturvölkern und kleinen Kindern. Die Masse, so Le Bon, ist leicht lenkbar und spontan begeisterungsfähig. Sie reagiert nur auf übertriebene Reize. Vor allem aber erliegt sie der magischen Macht von Worten: »Mit Vernunft und Argumenten kann man gegen gewisse Worte und Formeln nicht ankämpfen. Man spricht sie mit Andacht vor den Massen aus, und sogleich werden die Mienen respektvoll und die Köpfe neigen sich.«

Von ihrem Führer und sich selbst gleichermaßen berauscht, verliert die Masse ihr Urteilsvermögen – und damit den Bezug zur Wirklichkeit. So ist es nur natürlich, dass sie lieber glauben als wissen will, dass sie der Rationalität das Dogma vorzieht, dem Realen das Irreale.

Die Illusion von der großen Zeit, in der man lebt, und von der noch großartigeren Zukunft, in der man leben wird, lässt das Irreale real werden. Sie führt zu einer Kultur der emotionalen Übereinstimmung, die gemeinsame Wünsche und Hoffnungen und eine Aufbruchsstimmung sondergleichen schafft. So erklärt sich, warum halbgebildete Schwerverbrecher mit Gottgesandten verwechselt werden können. So wird auch klar, warum Hitler und Jones alles unternehmen, um den logischen Verstand ihrer Jünger möglichst dauerhaft auszuschalten und ihre wahren Absichten zu verschleiern: Hitler durch Monumentalfeiern und Gleichschaltung, Jones durch stundenlange Indoktrination und ein streng hierarchisches soziales Kastensystem.

»GRÖSSE«: 1930 konstatiert Hitler in der Parteizentrale der NSDAP, er erwarte, dass sich die Welt an seinen Anspruch auf politische Unfehlbarkeit gewöhne, »wie sie sich an den Anspruch des Heiligen Vaters gewöhnt hat«.

Die Deutschen nehmen diesen Größenwahn lange wie selbstverständlich hin. Für die meisten folgt die Größe Hitlers gleichsam naturgemäß aus der Großartigkeit seiner angekündigten Taten. Nicht nur in Deutschland, in allen hoch entwickelten Kulturen ist »Größe« ein männlicher Mythos. »Große« Feldherren, Könige, Politiker und Unternehmer schreiben in jedem Fall Geschichte, auch wenn ihre Errungenschaften mit zahlreichen Grausamkeiten erkauft sind. Solange das Misshandeln, Versklaven und Töten von Menschen einem höheren Zweck dient – dem Bau von Pyramiden, Tempeln, Schlössern, Imperien aller Art –, wird es mit Stärke, Kontrolle, Entschlossenheit, Leistung assoziiert. Wie wir an Hitler, Jones und Co. sehen, gehen aber auch die, die weitaus mehr verbrechen als leisten, in die Geschichte ein. Größe ist Größe. Auch wenn sie noch so fraglich ist.

Alle großen Männer werden zu solchen durch die Masse, die sie in ihrem Streben unterstützt oder sie zumindest nicht darin behindert. Ohne Masse keine Größe. Warum neigen Menschen immer wieder dazu, einen der ihren so »schön« groß zu finden, dass sie ihm nicht nur in allem gehorchen, sondern sogar eine leidenschaftliche Zuneigung zu ihm entwickeln?

Nehmen wir die hartnäckige Hitlerliebe der Deutschen, die selbst nach der Niederlage in Stalingrad nicht erloschen war. Laut Hitlers letzter Sekretärin war das Volk dem Führer auch danach noch so zugetan, dass es ihn zum Geburtstag im April 1943 mit Unmengen nationalsozialistischem Kitsch beschenkte, darunter einem Paar selbst gefertigte Pantoffeln, auf dem vor untergehender Sonne das Hakenkreuz erglänzte, und einem Taschentuch mit aufgestickten Miniaturköpfen Hitlers, Hindenburgs, Bismarcks und Friedrichs II. Hinzu kamen, liebevoll verpackt, Kuchen, Torten, Kekse und Obst aus allen Teilen des Landes.

Aus tiefenpsychologischer Sicht spricht die Größe jedes »Führers« unmittelbar das fantasierte Ich-Ideal an, das heißt, die mehr oder weniger unrealistischen Allmachtsvorstellungen, die wir von uns selbst haben. In ihrem Werk *Die Unfähigkeit zu trauern* erklären die Psychoanalytiker Alexander (1908–1982) und Margarete Mitscherlich (1917–2012) die Hitlerobsession der Deutschen damit, dass er, indem sie sich mit ihm identifizierten, an die Stelle dieses Ich-Ideals trat. Hitler wurde zum »kollektiven Ich-Ideal«, an das man sich bedenkenlos anlehnen, dem man wie einem Vater Verantwortung übertragen konnte. An Hitlers Größe hatte jeder Einzelne teil, der ihn bewunderte. Alle, die Hitler liebten, liebten das Gefühl der Größe, das er ihnen verschaffte. Wie Joseph Goebbels einmal schrieb:

»Je größer und ragender ich Gott mache, desto größer und ragender bin ich selbst.«

Die »Größe« von Männern wie Hitler (und derer, die sich mit ihnen identifizieren) ist ein Trugbild. Was an ihnen groß ist, ist allein das Ausmaß ihrer Verbrechen.

POSEN: Wie Hitler war auch Jim Jones Meister darin, die eigene Person in Szene zu setzen. In seinen stundenlangen Gottesdiensten, die durch enthusiastischen Gospelgesang und Tanz eingeleitet werden, tritt »Vater« – ähnlich wie der späte Elvis Presley (s. Kap. 5) – grundsätzlich mit schwarzer Sonnenbrille und schwarz schimmerndem Haupthaar auf. Wenn er spricht, trägt er einen glänzenden Talar. Neben ihm, in roten Hemden und mit schwarzen Krawatten, seine Helfer. Den Höhepunkt jeder Predigt bildet die jeweilige Wunderheilung: Ein vermeintlich kranker Mensch nähert sich Jones auf Krücken und fleht ihn um Hilfe an. Meist ist es eine schwarze gehbehinderte Frau. Kaum hat er sie umarmt oder sanft berührt, wirft sie die Krücken weg, fängt an, vor Freude zu tanzen und läuft demonstrativ durch den Mittelgang.

Jones spielt die Rolle seines Lebens: eine beeindruckende Vaterfigur, eine moralische Autorität sondergleichen. Wie Hitler verführt er durch Posen, nicht durch Persönlichkeit. Was an ihm imponiert, ist nicht die authentische Person. Sondern das makellose Image, die berauschende Inszenierung, der rhetorische Effekt. Ob »Vater« dramatisch mit den Armen fuchtelt oder gütig lächelt – jedes Mal glauben seine Anhänger, einen treu um sie bemühten Menschen vor sich zu haben. Sein intensiver Blick wirkt, als würde er an den Problemen jedes Einzelnen Anteil nehmen. Dabei geht es Jones nur darum, sein Publikum – die anderen wie sich selbst – von der Echtheit seiner Rolle zu überzeugen. Darum, dass er den gegenteiligen Eindruck von dem macht, als was er sich fühlt: als *Nichts*. So sieht es der deutsche Psychoanalytiker Arno Gruen:»Menschen wie

Hitler leben äußeren Erscheinungsbildern nach. Dieses Gehäuse zu verlieren bedeutet, leer zu sein, nicht zu sein. Deshalb ist das Rollenspiel so existenziell für sie, sie können es nicht aufgeben.«

In diesem Sinne ist es nur logisch, dass Jones, bevor er seine Jünger ins Jenseits schickt, ein letztes Mal den »Vater« gibt. Zum letzten Mal färbt er seine Koteletten schwarz – bevor endgültig niemand mehr da ist, in dessen Augen er sich finden kann.

Auch im Falle Hitlers gilt die Verehrung dem brillanten Gesamtkunstwerk – jemandem, der er gar nicht ist. Hitler spielt den rechtschaffenen Souverän mit dem soliden Leben, in dem es Freunde, Frauen und einen Hund gibt. Er trägt sein sorgfältig aufgebautes Führerimage wie eine Maske, nimmt abwechselnd die Pose des Triumphs und des Mitgefühls ein. Er imitiert Schmerz, Freude und Zuneigung, während sich sein tatsächliches Gefühlsrepertoire auf Hass gegen die Juden und Mitleid gegen sich selbst beschränkt. Wie im Falle Jones' zeigt die Biografie des »großen Hassers« (Sebastian Haffner), dass er sich weder für Menschen noch für Tiere noch fürs Leben überhaupt interessiert. Sondern fürs Töten. Hitler ist besessen von seinen mörderischen Fantasien – scheut sich aber davor, sie eigenhändig in die Praxis umzusetzen. Er schaut sich das von ihm befohlene Gemetzel lieber aus sicherer Entfernung an. Den Höhepunkt seiner Tötungsfantasien bildet sein eigener Selbstmord, den er seit den 1920er-Jahren immer wieder gedanklich durchspielt. Immer wieder erwähnt er Vertrauten gegenüber, dass er sich bei Bedarf möglichst schnell und schmerzlos umbringen werde. Angesichts der unfassbaren, Hitlers Fantasien entwachsenen Realität von circa sechs Millionen ermordeten Juden fällt sein eigener Tod kaum ins Gewicht.

Auch Jones entscheidet sich nicht aus einer Laune heraus, Hunderte umzubringen. Er plant den Massenselbstmord akribisch. Zwei Jahre vor der Katastrophe beginnt er mit wöchentlichen sogenannten Treueproben: Er reißt seine Anhänger nachts aus dem Schlaf und befiehlt ihnen, eine angeblich giftige Flüssigkeit zu schlucken. Auch am 28. November 1978 folgen sie seinem Befehl. Diesmal ist der Trunk tödlich. Während die Jünger dahinsterben, spricht Jones ins Mikrofon: »(O)hne mich hat das Leben keinen Sinn. Ich bin das Beste, was ihr je haben werdet … Der Tod hat nichts Furchterregendes. Es ist das Leben, das verflucht ist …«

Jim Jones gelingt das Unmögliche: Die meisten seiner Opfer glauben bis zuletzt, dass er eine Mischung aus Jesus und Buddha sei. Zumindest versuchen sie es.

Strahlemänner und Poser des 3. Jahrtausends

Auch lange nach Hitler und Jones werden schöne Lügen wie am Fließband produziert. Von Politikern, Konzernlenkern und anderen »Größen«. Wobei es sich bei den heutigen Blendern nicht unbedingt um Monster handelt. Andere durch Unwahrheiten zu beeindrucken, hat noch nichts mit Barbarei zu tun. Oder doch?

In der digitalisierten, durchgestylten Wohlstandswelt des dritten Jahrtausends ist Imagepflege keine Option – sie ist Pflicht. Zumindest für die, die »es schaffen« und »groß rauskommen« wollen. Zum karrieristischen Erfolg braucht es längst mehr als bloß einen MBA oder eine wie immer erworbene Promotion. Es genügt nicht, sich mit Fleiß und guten Verbindungen zum Bereichsleiter oder Ministerpräsidenten, zum Geschäftsführer oder Vorstandsvorsitzenden hochgearbeitet zu haben. Der Erfolgswillige muss sich vielmehr zur Marke machen. Er muss an seinem Alleinstellungsmerkmal (»Unique Selling Proposition«, kurz USP) in Form einer kernigen Selbstaussage feilen. Er braucht hoch professionelle, hoch aufgelöste Porträtfotos, auf denen er extrem motiviert in die Kamera lacht. Er muss permanent an seinem Auftreten, seiner Rhetorik, seinem Präsentationsgeschick und seinem Führungsstil arbeiten. Und er muss dafür sorgen, dass sein Charisma alles überstrahlt. Um das zu werden, was er *nicht ist* – selbstsicher, eloquent, schlagfertig, mitfühlend und authentisch, kurz: perfekt – steht ihm ein schier unendliches Angebot an Coachings zur Verfügung.

Wer heute »groß« werden will, muss das entsprechende Training buchen. Er muss lernen, wie man »Erfolg durch Selbstinszenierung« erreicht; sich »in die Köpfe der Menschen« redet; die »Macht der Stimme« ausbaut; »Human Branding« betreibt; eine »profilierte Markenpersönlichkeit« wird; seine »Lebensrollen festlegt und effektiv managt«; »Elemente der Schauspielkunst für den Alltag« nutzt; auf den »Bühnen des Lebens motivierter, wirkungsvoller und erfolgreicher« agiert; und, je nach Erfordernis, einen »Verführer, Strategen oder Bricoleur« – bzw. eine »Umsatzmaschine« verkörpert (gemäß ausgewählter Onlineangebote) …

Die Begrifflichkeit dieser Lehren an sich ist nicht verwerflich. Verwerflich ist es, wenn mit vermeintlich wertfreier Prosa Manipulationsstrategien idealisiert werden. Wenn pfiffige Schlagworte dazu anspornen, die reale Person hinter dem Image verschwinden zu lassen.

Wer sich die Schauspielerei zur zweiten Natur gemacht hat, will für sein Publikum »schön« sein. Von den anderen gesehen zu werden ist ihm wichtiger, als die anderen zu sehen. Das war nicht immer so. Einst war Sehen ein göttlicher Akt. Jahrtausendelang war es das Privileg von Kaisern, Königen, Fürsten, Oberpriestern und Richtern, die Übersicht zu haben – und dabei selbst (als Individuen) unsichtbar bleiben zu dürfen. Große Herrscher erkannte man an ihren Kostümierungen, Diamanten, Wappen, Kronen, Sänften, Kutschen und Trompetensignalen, nicht an ihrer Physiognomie. Echnaton und Ludwig XIV. identifizierten sich mit der Sonne, die alles sichtbar macht, aber selbst nicht angeschaut werden kann. Seit der Erfindung von

Funk, Fernsehen und Internet ist es genau umgekehrt. Das heutige Herrschaftsprivileg besteht darin, von einer Horde Unsichtbarer angeglotzt – bzw. angeklickt – zu werden. Prominenz (von lateinisch *pro-minere* für vorspringen, hervorragen) entsteht nunmehr auf Basis von Einschaltquoten und »Gefällt mir!«-Bewertungen. Selbst gefertigte Doktorarbeiten und andere heroische Taten sind nicht zwingend erforderlich. Wohl aber ein gepflegtes Äußeres, ein sicheres Auftreten, eine überzeugende Gestik, kurz: die perfekte Selbstvermarktung.

Der Unternehmer und ehemalige italienische Ministerpräsident Silvio Berlusconi, der weite Teile der Medienlandschaft seines Landes kontrolliert und damit immensen politischen Einfluss ausübt, hat dieses Prinzip wie kein anderer *ad absurdum* geführt. Unter den Begeisterungsstürmen seiner Anhänger gelang es Berlusconi, einem hellwachen, permanent lächelnden, knusprig braunen älteren Herrn, sein Land in erstaunlichem Ausmaße herunterzuwirtschaften. 2001 verschickt er an unzählige italienische Haushalte das kostenlose Magazin »Una storia italiana« (»Eine italienische Geschichte«), in dem es nur ein einziges Thema gibt: Berlusconi. In dem reich bebilderten Heft zeigt sich »Il Cavaliere« (ein Ehrentitel für den Träger eines italienischen Verdienstordens) in seinen Lieblingsrollen: Silvio mit Frau, Kindern und Hunden; Silvio, an einer Blüte schnuppernd; Silvio auf dem Roten Platz; Silvio im Ohrenbackensessel, Platon, Augustinus und Meister Eckhart lesend; Silvio unter jubelnden Parteianhängern; Silvio, den Champions-League-Pokal des FC Mailand schwingend; Silvio als Talkshowgast seiner eigenen TV-Sendungen.

2003 zieht sich Berlusconi aufgrund vorübergehender politischer Misserfolge in eine Schweizer Privatklinik zurück. Anfang 2004 tritt der bekennende Mussolini-Fan, chirurgisch generalüberholt, vor die Kameras, um ausgiebig zu posieren und die anwesenden Journalisten herauszufordern: »Findet ihr mich nicht schön?«

Es folgen unzählige Presseberichte über das Martyrium, das der Ministerpräsident zum Wohle der Nation über sich ergehen hat lassen. Schließlich hat sich Berlusconi nicht zum Spaß unters Messer gelegt und mithilfe einer Spezialdiät zehn Kilo verloren, sondern, wie er sagt, um einer politischen Erneuerung willen. Damit lenkt er nicht bloß von seinem eigentlichen (unerfüllt gebliebenen) politischen Auftrag ab, er *ersetzt* die Politik einfach durch die Imagepflege: »Ein politischer Leader hat die Pflicht, sein eigenes Bild zu erneuern ... Er hat die Verpflichtung, sich fürs Fernsehen schöner und frischer zu machen.«

Die Frage ist nicht, ob es noch dreister geht. Die Frage ist: Wie viel Berlusconianismus steckt in einem Coaching, das »charismatische Potenzialoptimierung« verspricht?

Zwar haben auch die Seminaranbieter längst erkannt: Attraktiv werden wir nicht durch die Imagepflege, sondern indem wir werden, was wir sind. In Trainings zum Thema »Authentizität« können wir allerdings bloß lernen, wie wir »glaubwürdig und interessant *wirken*« – nicht, was es heißt, glaubwürdig und interessant zu *sein*. Dazu bräuchte es das Gegenteil eines hirnlosen Rollenspiels: Nachdenklichkeit.

Für die deutsch-jüdische Philosophin Hannah Arendt (1906–1975) ist der Mensch im Idealfall nicht nur ein »sprachbegabtes Tier« (ein *zoon logikon,* wie Aristoteles schrieb), sondern eine *Person* – das heißt ein Wesen, das Ereignisse und Sachverhalte gewohnheitsmäßig mit sich selbst durchdenkt und durchspricht: »Niemand kann sich an das erinnern, was er nicht durchdachte, indem er darüber mit sich selbst gesprochen hat«, heißt es in Arendts nachgelassener Vorlesung *Über das Böse.*

Für Arendt hat Persönlichkeit nichts mit Begabung oder Intelligenz zu tun – *Persönlichkeit ist schlicht das »Ergebnis von Nachdenklichkeit«.* Wer sich nicht kritische Gedanken darüber macht, womit er sein Geld verdient, mit welchen Freunden er sich umgibt, wem er traut (und welche Seminare er besucht), 131 verliert sein Person-Sein. Wer bei dem, was er tut, sein Gewissen nicht einschaltet, *ist nicht*. Er ist weder unaufmerksam noch unehrlich, er ist – als verantwortungsbewusste Person – überhaupt nicht vorhanden. Er wird zu einer Attrappe. Zu einem Komödianten, der das Person-Sein nur spielt.

Ohne Erinnerung keine Reue. Wer zielorientiert, aber gleichgültig gegenüber dem Vergangenen vor sich hin werkelt, kann sich nicht schuldig fühlen. Wofür auch? Dass er neunhundert Euro hingeblättert hat, um zu lernen, wie man sich »in die Köpfe der Menschen« redet? Wo strategisches Denken dominiert, ist Moral fehl am Platz. Wo es nichts wirklich Wichtiges gibt, an das man sich erinnern müsste, fällt es leicht, über Leichen zu gehen.

Das Böse beginnt also nicht erst bei Hitler oder Jones, sondern streng genommen schon bei »Menschen, die sich weigern, Personen zu sein« (Hannah Arendt). Bei fehlender Nachdenklichkeit. Bei der Gewissenlosigkeit, mit der sich Leute zu »Größen« stilisieren.

In einer Zeit, die von uns verlangt, aus uns selbst eine Marke zu machen, ist es eine Herausforderung, einfach nur wir selbst zu sein: Personen, keine hohlen Nüsse. Nur: Wenn wir uns um der »Authentizität« willen selbst plagiieren, verwandeln wir uns ganz und gar nicht in charismatische Persönlichkeiten. Wir machen uns nur der Lüge schuldig.

Es ist leicht, Menschen als etwas sehen zu wollen, was sie oft nicht sind: »schön«. Es ist auch leicht, dem zu glauben, der ein schönes, geordnetes, sinnvolles Leben verspricht. Aber es kann sehr gefährlich werden. Muss das schöne Leben eine Utopie bleiben? Oder gibt es jenseits aller Illusionen doch einen Weg, es zu verwirklichen? → *Kapitel 7*

> *»Hässlichkeit schändet nicht die Seele,*
> *aber eine schöne Seele adelt den Leib.«*

SENECA

Über die Seelenpflege –
Gebrauchsanweisung II

Sein und Schein sind selten deckungsgleich. Was gut aussieht, muss nicht unbedingt gut sein. Der Philosoph Xenophon (ca. 430–354 v. Chr.), ein Zeitgenosse des Sokrates, nahm das, was die Philosophen der Antike *kalogathia* (s. Kap. 1) nannten – die perfekte Übereinstimmung von Schönheit und Güte – kritisch unter die Lupe. In seinem Werk *Oikonomikos* kam er zu dem Ergebnis, dass eine solche Identität doch eine allzu idealistische Vorstellung sei. Jedenfalls, so Xenophon, sei sie gerade da nicht immer vorhanden, wo man sie zuallererst vermuten würde:

»(Ich suchte) zuerst die Schönen auf und versuchte herauszubekommen, ob mit ihnen auch das Gute zusammenhinge. Aber es verhielt sich leider nicht so, sondern ich musste erkennen, dass einige körperlich Schöne ganz jämmerliche Seelen hatten. Daher meinte ich, es wäre besser, die äußerliche Schönheit nicht zu beachten, sondern direkt zu denen zu gehen, die man charakterlich für vollkommen hielt.«

Kurz: Ein guter Mensch ist immer irgendwie »schön« – aber ein schöner, attraktiver, charismatischer Mensch nicht immer »gut«. Nicht nur theoretisch, sondern auch ganz konkret: Unter den Charismatikern (von Showstars bis Spitzenpolitikern) gibt es seit jeher eine ganze Menge kranker Seelen, bei denen es mit dem moralischen Empfinden nicht weit her ist.

133

Als philosophischer Topos hatte das Ideal der Einheit von Körper und Seele allerdings lange Zeit Hochkonjunktur. Schon Sokrates meinte, durch den schönen Körper eines Menschen schienen dessen gute und liebenswerte Eigenschaften gleichsam hindurch. Ganz ähnlich sah es der neuplatonische Denker Plotin (ca. 204–270 n. Chr.), der in der Bewegung der edlen Seele die Ursache eines glanzvollen, strahlenden Äußeren zu erkennen glaubte. Sehr viel später, im 18. Jahrhundert, nahmen der Dichter Christoph Martin Wieland (1733–1813) und der Poet und Philosoph Friedrich Schiller (1759–1805) diesen Gedanken wieder auf. Für Schiller war die »schöne Seele« ein Mensch mit Charakter. Einer, der nicht erst lange herumüberlegt, ob er sich moralisch verhalten soll, sondern für den es eine Selbstverständlichkeit ist, Gutes zu tun: »In einer schönen Seele ist es also, wo Sinnlichkeit und Vernunft, Pflicht und Neigung harmonieren, und Grazie ist ihr Ausdruck in der Erscheinung«, heißt es in Schillers Schrift *Über Anmut und Würde*.

Im Spätkapitalismus, der dem schönen Äußeren quasi reflexartig den Vorrang gegenüber der inneren Schönheit einräumt, haben Schiller und Co. natürlich keine Chance. Die »moralische Schönheit« lässt sich nicht zu Geld machen. Sie ist kein Machtfaktor. Wohl aber der Anschein von Integrität, Vernunft und Edelmut. Wenn wir unserer Karriere neuen Schwung verleihen wollen, rät man uns folgerichtig, statt auf die Philosophie lieber auf die Imagepflege zu vertrauen. Bei Bedarf können wir auf eine ganze Armada von Coaches zugreifen, die uns lehren, wie man mittels Gestik, Körperhaltungen und Tonlagen eine vorbildliche innere Verfassung simuliert.

Ob Sein oder Schein: Wir sehen nur das, was wir sehen wollen. Was wir mit am liebsten sehen, sind Leute, zu denen wir aufschauen, an die wir *glauben* können. Autoritäten aus Politik und Wirtschaft, die uns Ordnung, eine gesicherte Existenz, ein weitgehend sorgloses Leben versprechen. Es ist nicht schwer zu glauben. Aber der Glaube kann unser Urteilsvermögen schwächen – und damit unsere Fähigkeit, die schönen Seelen von den schönen Lügnern (s. Kap. 6) zu unterscheiden. Was die kritische Betrachtung Letzterer betrifft, sind uns Menschen, die an einer *Aphasie* (vom griechischen Wort »aphasia« für »Sprachlosigkeit«) erkrankt sind, um Einiges überlegen. Die Aphasie, eine durch Hirnschädigung bedingte Erkrankung, die mit dem Verlust des Sprechvermögens bzw. des Sprachverständnisses einhergeht, kann, wie der Neurologe Oliver Sacks gezeigt hat, als eine Art Lügendetektor fungieren. So zum Beispiel Anfang der 1980er-Jahre, als in Sacks' Klinik eine Ansprache des damaligen US-Präsidenten Ronald Reagan übertragen wurde. Die anwesenden Aphasiepatienten waren von seinem Auftritt alles andere als ergriffen. Die Rede des Präsidenten machte sie auch weder nachdenklich noch zornig, sondern veranlasste sie zu heftigen Lachkrämpfen. Zwar konnten sie die Bedeutung von Reagans *Worten* nicht verstehen – sehr wohl aber die Bedeutung seiner *nonverbalen Botschaften,* seines Tonfalls, seiner Gestik, Mimik und Haltung. Laut Sacks sind Aphasiepatienten Meister darin, emotional unterlegte Aussagen zu interpretieren und somit Friedrich Nietzsches Einsicht zu bestätigen: »Man lügt wohl mit dem Mund, aber mit dem Maul, das man dabei macht, sagt man doch die Wahrheit.«

Da Aphasiker mit untrüglichem Instinkt die spontane, unwillkürliche Ausstrahlung eines Menschen erfassen, ist es schier unmöglich, ihnen etwas vorzugaukeln. So waren Sacks' Patienten dank ihrer Krankheit imstande, Präsident Reagan als den zu sehen, der er war: ein Mann, der in über fünfzig Hollywoodfilmen mitgewirkt hatte, bevor er die politische Laufbahn einschlug. Ein Mann, dessen effekthascherische, hochemotionale, unglaubwürdige Darbietung darauf schließen ließ, dass er noch immer ein leidenschaftlicher (wenn auch nicht besonders guter) Schauspieler war.

Nur ein relativ geringer Teil der Bevölkerung ist von einer Aphasie betroffen. Die Anfälligkeit für schöne Lügen ist weithin verbreitet – für die Lügen, die andere erzählen, genauso wie für die, die man sich selbst erzählt. Sich selbst etwas vorzumachen, ist bequem. Man muss sich nicht mit der eigenen Unvollkommenheit befassen. Man braucht sich nicht zu bilden und weiterzuentwickeln. Man kann sein, was immer man will: schön, »groß«, willensstark, perfekt. Eine Patientin des Psychologen Arno Gruen formulierte es drastisch so:

»Wenn man sich in selbst gebastelten Posen sieht, braucht man sich nicht um Gefühle zu kümmern. Wenn man sich in Erscheinungsbilder projiziert, ist alles abrufbar. Man kann die Bilder in Schubladen stecken und versorgen, je nachdem, was gefordert ist. Es ist alles visuell, wodurch man ›scheinbar‹ auch alles und sich selber bestimmen kann. (…) Ich stellte mir dann zum Beispiel vor, wie ich als Ärztin cool und alles im Griff habend posierte. Einfach perfekt und bewunderungswert.«

»Selbst gebastelte Posen« sind Schutzschilde gegen das authentische Ich. Dessen Gedanken und Gefühle sind natürlich nie so kontrolliert wie das nach außen verkaufte Image. Oder doch? Wenn wir uns das Posieren zur zweiten Natur machen, verlieren wir irgendwann den Bezug zu unseren echten Emotionen – und damit auch die Fähigkeit, authentische, gelingende Beziehungen zu unseren Mitmenschen zu pflegen. Wir stumpfen ab. Wir konzentrieren uns nicht mehr auf andere, sondern nur noch auf unsere Wirkung auf andere. Nur noch der makellose, effektvolle Auftritt zählt. So gesehen haben Posen eine ähnlich fatale Wirkung wie regelmäßige Botox-Injektionen.

In ihrer Studie »Embodied Emotion Perception« (»Körperlich verankerte Emotionswahrnehmung«) von 2011 untersuchten die beiden Psychologen und Neurowissenschaftler David T. Neal und Tanya L. Chartrand, inwiefern das Nervengift und Schönheitsmittel Botox die Deutung von Gefühlen beeinträchtigt. Mit dieser Arbeit bestätigten sie philosophische Theorien zur körperlich verankerten Kognition (»embodied cognition theories«). Danach sind Denken, Fühlen und Wahrnehmen keine Geschehnisse, die ausschließlich im Gehirn stattfinden; vielmehr beziehen sie den Körper und seine Interaktion mit der Umwelt grundsätzlich mit ein. Das heißt zum Beispiel, dass wir die Emotionen anderer deuten, indem wir mittels sogenannter Mikrobewegungen ihre Mimik imitieren. Wir übersetzen also den Ausdruck, den wir an anderen wahrnehmen (Freude, Schmerz, Angst …), unbewusst in unsere eigene Gesichtsmuskulatur. Dieser Akt der Nachahmung schickt dann ein Signal von unserem Gesicht zu unserem Gehirn, wodurch wir schließlich verstehen, was wir sehen.

Neals und Chartrands Probandinnen taten sich sehr schwer mit der Gefühlsinterpretation. Ein bis zwei Wochen, nachdem ihnen Botox zur Behandlung von Stirnfalten und Krähenfüßen injiziert worden war, zeigten sie sich (im Vergleich zur Kontrollgruppe) vielfach unfähig, einem menschlichen Augenpaar eine bestimmte Emotion zuzuordnen. Das Gift hatte ihre Gesichtsmuskeln lahmgelegt – und damit auch ihre Fähigkeit, sich in andere einzufühlen.

Die Botox-Fanatikerin und der Poseur haben viel gemeinsam. Beide gaukeln der Welt vor, etwas zu sein, das sie nicht sind. Ihre Attraktivität ist nicht natürlich, sondern erworben. Wie viel sie dafür aufgeben müssen, ist ihnen egal. Lieber verzichten sie auf ein voll entwickeltes Seelenleben, als unansehnlich zu wirken. Sie wollen nicht anmutig und edel sein, sondern sich gut verkaufen. Die Sache hat nur einen Haken. Die seelische Verarmung, die die intensive Sorge um den äußeren Effekt mit sich bringt, wirkt nicht anziehend, sondern abstoßend. Botox-Opfer und Poser können nur verlieren. Da sie ihr Einfühlungsvermögen einbüßen, können sie sich nicht mehr auf andere beziehen. Und da sie sich nicht mehr auf andere beziehen können, stehen sie am Ende allein da. Dem eigenen verarmten Ich ausgeliefert, dem sie entkommen wollten.

137

Aus philosophischer Sicht ist ein reiches Innenleben – Mitgefühl, Herzensbildung, geistige Interessen, Kreativität – nicht nur eine hervorragende Versicherung gegen Einsamkeit, sondern auch der Königsweg zur Unabhängigkeit von den »Likes« anderer. Leider ist diese Erkenntnis noch nicht bei allen angekommen. Damit sie sich in den Gehirnen derer, die sie am nötigsten hätten, ausbreiten könnte, bräuchte es Zeit. Aber wer hat schon Zeit? Der leistungsorientierte, grundsätzlich abgehetzte Arbeitnehmer tippt sich eher an die Stirn, als sich der aufwendigen Pflege seines Inneren zu widmen. Die, die ihre ohnehin schon knappe Freizeit mit Lesen, Malen oder Hausmusik füllen, sind nach wie vor in der Minderheit. Das Verlangen nach multisensorischer Stimulation, d. h. starken, vorfabrizierten Reizen aller Art, ist übermächtig. Die Porno-Ästhetik (s. Kap. 4) hat nahezu jeden Winkel unserer Alltagswirklichkeit besetzt. Wo wir gehen und stehen, ist es laut, bunt und spaßig. Der Porno-Kitsch ist zu einer riesigen Lifestyle-Industrie angewachsen, die TV-Unterhaltung, YouTube-Clips, Werbung und Events umfasst. Und, nicht zu vergessen, Schuhe, Kleidung und Kosmetika. Ganze Heerscharen unwissentlich geschmacklos aufgebrezelter Frauen tragen das Porno-Etikett wie ein Qualitätssiegel vor sich her.

Heiterkeit, Sanftmut und Grazie sind die Eigenschaften, die Schiller in der schönen Seele junger Mädchen erkannte. Aber wie, bitte schön, soll sich diese »Schönseelischkeit« (G. W. F. Hegel) in der rauen Realität bewähren? Welches Mädchen und welche Frau traut sich schon, heiter, sanft und graziös zu sein, wenn es von überallher schallt: »Seid tough, seid laut und zeigt, was ihr habt! Zeigt her eure Extensions, Veneers und Brazilian Waxings!«?

Nichts ist lohnender, als diesem Ruf zu widerstehen. Denn: Zu viel Porno-Kitsch legt die Seele lahm. Die Gier nach dem kurzlebigen Effekt, nach dem ständigen Sich-Auftakeln und Sich-was-Reinziehen führt zu vermehrter Fantasielosigkeit.

Unsere Sinne ermüden. Unsere Wahrnehmung fällt in einen Tiefschlaf. Wir wissen immer weniger mit uns anzufangen. Wir sind so uninspiriert und abgestumpft, dass wir zur Fernbedienung greifen. Wir verwechseln Porno mit Eros, Daniela Katzenberger mit Marilyn Monroe. Wenn es erst so weit gekommen ist, kann uns nur noch Platon aus unserem Elend heraushelfen.

Empfehlung Nr. 1:
Mit Eros gegen seelische Erlahmung

Platon preist Eros, den Gott der Liebe, überschwänglich als Ursprung sämtlicher menschlicher Fähigkeiten. Nur Eros kann der Seele des Menschen Flügel verleihen und ihn von den Niederungen attraktiver Körper zu den Gipfeln des Wahren und Guten, zur »Idee des Schönen« führen. Die sinnliche Schönheit kann, so Platon, immer nur ein Vorgeschmack auf Höheres sein. Sie ist bloß der Abglanz seelisch-geistiger Schönheit.

Wenn Eros den ihm von Platon zugewiesenen Stellenwert bekäme, hätten wir unter seinem Einfluss gar keine Lust mehr, uns auf große Brüste, glatte Stirnen und durchtrainierte Muskeln zu fixieren. Uns stünde der Sinn nach Erbaulicherem. Frauen würden sich nur noch in Männer verlieben, die ihre inneren Werte zu schätzen wüssten. Männer würden sich in Frauen verlieben, die ihnen die Poesie Friederike Mayröckers nahebrächten. Natürlich wären damit die Probleme zwischen den Geschlechtern nicht gelöst. (Platon war schließlich Idealist; der Idealist der ersten Stunde.) Männer würden Frauen immer noch betrügen. Sie würden immer noch Bordelle aufsuchen – aber nicht, weil ihnen ihre Partnerinnen sexuell unattraktiv erschienen, sondern weil sie sich weigerten, Goethes *Wilhelm Meister* mit ihnen zu diskutieren. Die Mädchen im   139

Puff würden nicht Lola oder Tiffany heißen, sondern Diotima oder Athene. Sie würden auch nicht in knappen Bikinis und Mörderplateaus herumstöckeln, sondern dick eingepackt sein. Sie trügen Holzfällerhemden, Schlaghosen, flache Treter und kein Make-up und würden den Kunden durch lasziven Blättern in Kants Schrift *Zum ewigen Frieden* auf sich aufmerksam machen. Dann würden sie ihn zu einer Couch dirigieren, wo sie ihn in einen heißen sokratischen Dialog über Gerechtigkeit verwickeln würden. Sie würden mit Gräzismen und Latinismen um sich werfen, bis die Kundschaft auf den Geschmack kommen und einen flotten Dreier verlangen würde. Schon würden sich eine promovierte Germanistin und eine Ästhetik-Professorin auf ihn stürzen, um ihm Hegels Dialektik des Selbstbewusstseins einzutrichtern. Dazu gäbe es Live-Performances: Werke von Monteverdi, Händel und Bach ...

So weit wird es kaum kommen. Trotzdem würde uns eine zusätzliche Prise Eros nicht schaden. Sie könnte nicht nur unsere Paarbeziehungen, sondern auch unser Leben insgesamt sehr viel angenehmer machen. Weil sie uns erlauben würde, uns weniger als (ohnmächtige) Empfänger von Liebe und Leben, sondern als ihre (selbstmächtigen) Erzeuger zu empfinden. Egal, ob es sich bei unseren Erzeugnissen um Kinder oder um kreative Produkte, Briefe, Essays, Bücher, Musikstücke und vieles mehr handelt, das wir aus und mit Liebe hervorbringen.

Empfehlung Nr. 2:
Mit Dionysos zu rauschhafter Vitalität

Mit der Liebe ist es wie mit dem Leben. Beide lohnen nur, wenn sie *aktiv und intensiv* praktiziert werden. Sie erfordern unsere ganze Beteiligung, unser totales Engagement – echte Vitalität. Diese finden wir nicht unbedingt bei Jette und Dietmar von nebenan, bei denen immer alles läuft wie am Schnürchen. Sondern eher bei jenen hochkreativen, übersensiblen, komplizierten Geschöpfen, die es riskieren, ihr »Image« in den Sand zu setzen. Zu diesen seltenen Exemplaren zählen die Diven (s. Kap. 5). So dunkel es in der Seele von Romy Schneider oder Amy Winehouse auch ausgesehen haben mag – so hell strahlt der Stern ihrer Kunst. Was für uns eher die Ausnahme ist, ist für die Diva die Regel: der Rausch. Der alkoholische Rausch, der sexuelle Rausch, vor allem aber auch der künstlerische Rausch. An dem Phänomen Diva sehen wir, dass Räusche nicht bloß pathologisch sind, sondern eine existenzielle lebenssteigernde Bedeutung haben können. Ihre Überzeugung, dass ein Leben ohne Ekstase sinnlos sei, rückt die Grenzgänger der Showbranche in die Nähe des von Friedrich Nietzsche so verehrten Halbgottes Dionysos (Bacchus).

Dionysos ist nicht leicht auf den Begriff zu bringen – er verkörpert Weisheit und Wahnsinn, Fremdes und Vertrautes, Männliches und Weibliches gleichermaßen. Die Erfahrung des Dionysischen ist den Idealen der rationalen Kontrolle, der Selbstbeherrschung, der logischen Transparenz diametral entgegengesetzt. Sie sprengt die Normalität des Alltäglichen, all der banalen Aufgaben, Pflichten und Zwänge, die unser reibungsloses Funktionieren erfordern. Dionysos fragt den Menschen nicht erst höflich, wann es ihm in den Terminkalender passen würde, berauscht und enthusiasmiert zu werden – er bemächtigt sich seiner einfach … bis beide in Ekstase miteinander verschmelzen, bis Gott und Mensch eins werden. Traditionsgemäß erfolgt die Fusion mit dem Göttlichen nicht im stillen Kämmerlein durch Meditation oder Kontemplation, sondern in einer Gruppe von Besessenen, durch kollektive Raserei. Zum Dionysoskult gehören Ausschreitungen – »Exzesse« im wortwörtlichen Sinne –, bei denen die Besessenen tanzen, springen, singen und schreien, bis alle Schranken fallen.

Was, wenn auch wir dem Dionysischen anheimfielen? Wir würden auf die Einheit des Schönen, Wahren und Guten pfeifen. Platons elitäre »Ideen« wären uns piepegal – wir würden blind unseren triebhaften Impulsen folgen. Auf den platonischen Eros gäben wir wenig, viel aber auf ständig wechselnde Intimpartner. Treu wären wir nur unseren besten Freunden: Jim Beam, Jack Daniel's und Johnny Walker. Wenn wir morgens unausgeschlafen, unrasiert und verquollen an unseren Schreibtisch gingen, würden wir uns erst einmal einen Joint drehen. Trotzdem wären wir so vital wie nie. Anstatt unsere Abende einsam zu Hause mit einem Buch, oder, die antiplatonische Variante, vor dem Fernseher zu verbringen, würden wir zum Tanzen gehen. Wir würden mit Gleichgesinnten Theaterstücke mit Titeln wie »Das wilde Mannweib« oder »Die unumkehrbar Verrückten« einstudieren. Dem logischen Denken könnten wir nicht mehr viel abgewinnen. Unser Job fiele unserem Lebenswandel zum Opfer. Was uns aber egal wäre, da wir mit unserer Kunst einen Nerv getroffen hätten: Vielleicht hätten wir sogar so viel Erfolg mit dem Theaterspielen, dass wir keine weitere Einnahmequelle benötigten …

Ganz offensichtlich verkörpert Dionysos das genaue Gegenteil von Eros. Auf der einen Seite stehen Kontemplation, Kultiviertheit, Transparenz, auf der anderen Seite Verwirrung, Triebhaftigkeit, Chaos. Was bedeutet das nun für unsere Seelenpflege? Fassen wir die Empfehlungen beider Götter in einer kurzen Übersicht zusammen:

Eros' DO's:
- Lass dich zum Philosophieren verführen.
- Bringe nicht nur Kinder hervor, sondern auch Gedichte.
- Erkenne, dass du durch die Liebe zum Schönen an der Ewigkeit teilhaben kannst.

Eros' DONT'S:
- Sei nicht so triebhaft.
- Weine nicht deiner verlorenen Jugendblüte nach (nichts ist schöner als reife Weisheit).
- Trink nicht so viel (sonst leidet deine Erkenntnisfähigkeit).

Dionysos' DO's:
- Trink, so viel du willst.
- Suche das rauschhafte Gemeinschaftserlebnis.
- Spiele, tanze und hau ordentlich auf den Putz (bevor du ins Gras beißen musst).

Dionysos' DONT'S:
- Sei nicht so entsetzlich rational.
- Glaube nie, du wärst vor dem Wahnsinn gefeit.
- Fürchte dich nicht vor dem Dunklen, Abgründigen (es ist ein Teil von dir).

Was immer Dichter und Denker aller Zeiten über die menschliche Seele geschrieben haben, eines ist klar: Sie ist eine hochkomplexe Einrichtung. Ihr Wesen ist das Widersprüchliche, Konflikthafte. Sie besteht aus unterschiedlichen, schwer zu vereinenden Bestandteilen: geistig-moralischen – und emotionalen. Die Seele hat nicht nur die Fähigkeit, edel zu sein. Sie ist auch in der Lage zu fühlen und zu erspüren, was der Verstand allein nicht begreifen kann. Was ihre Qualität ausmacht, ist nicht nur ihr Streben nach hohen Idealen, sondern auch ihre Kenntnis tiefer Abgründe.

Eine allzu »vergeistigte«, von unerreichbaren Idealen besessene Seele kann leicht an Vitalität verlieren. Damit sie in ihrem Sehnen nach dem Guten, Wahren und Schönen nicht ermüdet, darf sie sich dem irrationalen Rauscherlebnis nicht verschließen. Ihrer Konstitution am förderlichsten ist es, wenn sie den Mut hat, beiden Prinzipien zu folgen: dem erotischen *und* dem dionysischen. Wenn sie in beide Richtungen ausschwingen kann – in die geistigen Höhen *und* in die rauschhaften Tiefen. Anders als Schiller meinte, muss eine Seele nicht immer nur »schön« sein. Sie darf auch durch ihre Erhabenheit (s. Kap. 5) bestechen: Sie darf ruhig etwas Gewaltiges, Wildes, Unberechenbares, Naturhaftes an sich haben. Sanftmut und Grazie sind bei Weitem nicht ihre einzigen Ausdrucksmöglichkeiten. Spontaneität und Ekstase gehören ebenso dazu. Je umfangreicher ihr Repertoire, desto beeindruckender ihre Substanz, desto strahlender ihre Außenwirkung.

Für die altgriechischen Philosophen von Sokrates bis Plotin war die Seele *(psyché)* das Herzstück des Menschen: der Sitz seiner Gefühle, Begierden, Leidenschaften *und* seiner Moralität, Intelligenz, Verstandeskraft. Man muss kein Philosoph sein, um zu erkennen: Seele und Geist lassen sich nur schwer voneinander trennen. Schließlich ist der Mensch nicht nur dank seiner emotionalen, sondern auch seiner intellektuellen Fähigkeiten das wohl einzige Lebewesen, das sich über so unbegreifliche Dinge wie Schönheit, Liebe und Kunst das Hirn zermartert. Das einzige, das sich darum bemüht, sein Leben nicht nur zu leben, sondern zu gestalten.

Unser Wille zum schönen Leben ist unausrottbar. Aller Hindernisse zum Trotz versuchen wir, solange wir können, uns eine glückliche Existenz aufzubauen. Welche (philosophischen) Werkzeuge eignen sich hierfür am besten? → *Teil III*

III

Geist

7 Schönes Leben I: Warum Glück Übungssache ist

Sie liebten alles Wohlproportionierte – aber für die Philosophen der griechischen Antike war das letzte Ziel des Menschen nicht körperliche Schönheit, sondern ein schönes Leben. Auch für den größten Kauz unter ihnen, Diogenes von Sinope (ca. 400–323 v. Chr.). Diogenes, der nie Geld hatte, aß, was ihm zwischen die Zähne kam (zum Beispiel rohe Tintenfische), schlief unter freiem Himmel in einer Tonne und pflegte zu sinnieren: »Wozu also lebt ihr, wenn ihr euch nicht darum sorgt, schön zu leben?«

Anders als der philosophisch Arglose vermuten könnte, wollte Diogenes seine Mitmenschen mit dieser Frage nicht ermutigen, es besser zu machen als er. Seine Philosophie war keine Anleitung dazu, wie man an prall gefüllte Konten kommt und seine Zeit damit vertrödelt, auf sonnigen Landwohnsitzen herumzugammeln oder sich im Maybach von Party zu Party kutschieren zu lassen. Wie für alle Philosophen seiner Zeit bedeutete »schön« *(kalos)* für ihn nicht Bequemlichkeit und Spaß, sondern Schicklichkeit, Richtigkeit, Maß (s. Kap. 1). Schön zu leben hieß: seinem Leben eine Form geben; Lust und Frust an einer Ethik des rechten Maßes orientieren; den Zwist zwischen Intellekt und Emotion, Eros und Dionysos (s. Kap. 4 und 5) beenden. Es hieß, sich weder von den Umständen noch seinen Leidenschaften verschlingen zu lassen, sondern im rechten Moment seinen Verstand einzuschalten, vernünftig zu sein, sich in Selbstbestimmtheit und Verantwortung zu üben und nach Maßgabe seiner Möglichkeiten dafür zu sorgen, Gutes zu tun.

Genau das tat Diogenes. Anders als die meisten modernen Philosophen versteckte er sich nicht in einer Universität, schrieb keine dicken Wälzer und schwang auch keine bedeutungsschwangeren Reden – sondern provozierte seine Zeitgenossen, indem er *lebte,* was er lehrte: selbst gewählte Armut und Bedürfnislosigkeit als Weg zur Tugend. Der Hund *(Kyon)* – so sein Beiname – lief nackt und mit struppigem Bart herum, um die Reichen und Mächtigen scharf zu kritisieren und sie auf penetranteste Weise dazu aufzufordern, ihren Besitz mit den Armen zu teilen. Diogenes wählte die Existenzform des »Hundes« aber nicht nur, um in der Öffentlichkeit zu urinieren. Nicht nur, »weil ich schlechten, verlogenen Menschen die Wahrheit vorhalte und ihnen die Wahrheit über sie selber sage, und weil ich für gute Menschen mit dem Schwanz wedle und die Gesichter der Bösen anknurre«.

Diogenes wollte mehr: Er strebte nach dem Glück. In einer Tonne? Ohne Daunen, ohne Ohropax? Was wir heute unter Glück verstehen, hat mit dem altgriechischen Glücksbegriff *(eudaimonia)* wenig zu tun. Für uns ist Glück ein mehr oder weniger vorübergehender Zustand, ein Gefühl, eine Verfassung oder ein Zufall (z. B. das Resultat eines Lottogewinns) – in der altgriechischen Philosophie war es eine geistige Aktivität *(energeia),* eine aktive innere Haltung, die sich bestenfalls auf die gesamte Lebenszeit erstreckte. Sie sollte es dem Menschen ermöglichen, zwischen dem schönen, dem glücklichen und dem moralisch guten Leben einen untrennbaren Zusammenhang herzustellen.

Diogenes in der Tonne (Aquatinta von Carl Russ, 1810)

Auch die Philosophie war etwas anderes als heute. Keine hoch spezialisierte akademische Disziplin, sondern eine Art zu leben. Besonders im Hellenismus (4.–1. Jahrhundert v. Chr.) und in der römischen Kaiserzeit (1. und 2. Jahrhundert n. Chr.) galt sie als *Lebenskunst (techné tou biou)*. Da jede philosophische Betätigung Lebenstraining war, eine permanente Übung *(askesis)* in Bewusstheit, Weisheit, Besonnenheit, Gerechtigkeit und Mut, und da ein tugendhaft gelebtes Leben automatisch als schön galt, war die Philosophie nicht nur einfach der sicherste Weg zum Glück. Sie war das Glück selbst.

Diogenes, der Begründer der kynischen Schule, und alle anderen Lebenskunstphilosophen rufen uns auf: Gestalte dein Leben so, dass es bejahenswert ist! Solange wir ständig im Stress sind, weil wir unser Geld, unsere Jugend, unsere Gesundheit oder unsere Liebsten bedroht sehen (oder alles zusammen), ist das natürlich völlig unmöglich. Bejahen können wir unsere Existenz nur, wenn es uns gelingt, uns von Affekten, 149 die uns einengen und lahmlegen (Angst, Wut, Neid, Hass, Scham, Gier …), weitgehend zu befreien. Um ja sagen zu können, so die Philosophen der Antike, brauchen wir weder finanzielle Sicherheiten noch eine perfekte Figur, sondern eine Lebenskunst als *Heilkunst*. Eine Heilkunst, bei der die Praxis zählt, wie Aristoteles in seinem *Protreptikos* betont, nicht die Theorie:

»Wir bleiben gesund nicht dadurch, dass wir die Dinge kennen, die unsere Gesundheit fördern, sondern dadurch, dass wir sie dem Körper zuführen … und, das Wichtigste von allem, wir leben ein schönes und edles Leben nicht auf die Weise, dass wir einiges von dem Seienden erkennen, sondern dadurch, dass wir gut handeln; denn dies ist wahrlich das glückliche Leben.«

Theoretische Weisheiten sind nichts gegen eine philosophische Therapie, die uns schädliche Emotionen und Verblendungen austreibt und uns Seelenruhe beschert. Niemand wird schließlich als Diogenes geboren. Niemand wählt ohne Grund eine Tonnen-Existenz. *Das schöne Leben bedeutet Arbeit an sich selbst, eine ständige Umformung des eigenen Denkens, Fühlens und Handelns.* Wie ein Bildhauer soll der Philosophierende »seine eigene Statue meißeln« (Plotin). Was natürlich nicht heißt, dass er in einer gekünstelten Pose erstarren soll. Die eigene »schöne« Gestalt ist vielmehr von Anfang an im Stein enthalten – man muss bloß immer wieder das Unwesentliche weghauen. Wesentlich am Menschen ist allein das, was ihn von Natur aus ausmacht: *sein Verstand und seine Moral* (der *rationale* Teil seiner Seele), seine Unabhängigkeit von Äußerlichkeiten und sein kosmisches Bewusstsein: die Gewissheit, Teil eines größeren Ganzen zu sein.

Jetzt oder nie: Die Kunst des Gegenwärtigseins

Klingt das alles nicht ein bisschen antiquiert? Durchaus nicht. Nur weil die Lebenskunstlehren einer längst versunkenen Welt angehören, heißt das noch lange nicht, dass sie nicht mehr aktuell sind. Im Gegenteil. Eine kynische Kur kann mehr bewirken als sämtliche Schönheitsoperationen, Erfolgscoachings, Incentives und Stressbewältigungsseminare zusammen. Eine einzige Nacht mit knurrendem Magen und ohne Federkernmatratze kann uns daran erinnern, dass wir viel weniger weit vom schönen Leben entfernt sind, als wir es zu sein glauben. Dass dieses Leben keine Belohnung für eine bestimmte Leistung ist – sondern dass es (möglicherweise) schon begonnen hat. In der Sekunde nämlich, in der wir beschlossen haben, uns hauptsächlich auf das zu konzentrieren, was wirklich zählt. Das philosophische Leben steht (fast) jedem offen, und es kennt keine Altersbeschränkung – so Epikur (ca. 341–270 v. Chr.), der Begründer der nach ihm benannten Schule, im *Brief an Menoikos:* »Darum soll der Jüngling wie der Greis Philosophie treiben, der eine, damit er im Alter noch jung bleibe, ... der andere, damit er, gleichzeitig jung und alt, furchtlos der Zukunft entgegensehen kann.«

Um zu beweisen, dass wir die philosophische Medizin geschluckt haben, müssen wir nicht unbedingt wie Diogenes in dreckigen Fetzen herumlaufen. Wir können uns auch an etwas moderatere Lebenskunstexperten halten: die Epikureer oder die Stoiker. Für beide ist die Philosophie eine *Übung,* die in erster Linie dazu dient, sich jeden einzelnen Augenblicks bewusst zu sein. Wer nicht achtsam mit seiner Zeit umgeht, verschenkt seinen größten Schatz. Weisesein heißt Gegenwärtigsein. *Denn das schöne Leben befindet sich weder in der Zukunft noch in der Vergangenheit, sondern nur im Hier und Jetzt.* Der Moment ist alles, was wir brauchen, um uns von unseren Ängsten und Begierden zu befreien und einfach glücklich zu sein. Wenn wir an dieser Stelle einwenden: Ein Moment genügt aber nicht, das ist viel zu wenig!, vergessen wir, dass Zeit nur begrenzt messbar ist. Eine Minute kann mehr sein als sechzig Sekunden, ein Jahr mehr als 365 Tage – oder weniger. Ein Jahr, das in Termine, Stundenpläne, Zeitfenster eingeteilt wird, rauscht unbemerkt vorüber. Eines, das von Augenblick zu Augenblick gelebt wird, kann wie eine Ewigkeit scheinen. Ein einziger Augenblick ist fast nichts – und kann doch alles sein.

Für Epikur ist Philosophieren eine Art Entspannungsübung. Er plädiert dafür, sich locker zu machen und jede Gelegenheit zur Heiterkeit zu ergreifen: »(N)otwendigerweise also währt unser Dasein nicht ewig, du aber, der du nicht Herr über den morgigen Tag sein kannst, du schiebst die Freude auf später auf. Das Leben jedoch zehrt sich unter diesen Verzögerungen auf, und jeder von uns stirbt, ohne jemals zur Ruhe gekommen zu sein.«

Nichts anderes meint auch der Vers von Horaz (65–8 v. Chr.): »Carpe diem.« Es geht darum, sich *jetzt* die Erlaubnis zu geben, die Arbeit zu unterbrechen und mit einem Freund zu plaudern, ein Kind huckepack zu tragen oder dankbar einen Sonnenstrahl zu genießen – anstatt darauf zu hoffen, dass morgen alles »schöner« wird. Denn das Leben ist eine äußerst zerbrechliche Angelegenheit, die, gerade weil sie so plötzlich zu Ende gehen kann, *jederzeit,* in jedem Augenblick einen absolut unersetzlichen Wert besitzt. Nach dieser Logik ist Glück nichts, von dem wir nie genug haben können (wie Schuhe oder Sex). Es ist eine aktive innere Einstellung, die völlig unabhängig davon ist, ob wir haben, was wir wollen. Es kommt immer weniger darauf an, dass wir irgendwann unsere Ziele erreichen (und folglich glücklich sind) als darauf, dass wir jetzt glücklich sind (während wir *versuchen,* unsere Ziele zu erreichen).

Was für die Epikureer die Entspannung, ist für die stoische Lebenskunstschule (benannt nach ihrem ursprünglichen Sitz, einer *Stoa,* »bunte Säulenhalle«) die Wachsamkeit. Die Stoiker ermahnen uns, bloß keine Sekunde zu verträumen. Wir sollen, wie der spätstoische Kaiser-Philosoph Marc Aurel (121–180 n. Chr.) in seinen *Selbstbetrachtungen* schreibt, »die gegenwärtige Zeit begrenzen«, indem wir sie von Vergangenheit und Zukunft strikt abtrennen. Denn nur so können wir uns von den Problemen distanzieren, die an unseren Nerven zerren. Wenn wir unseren Liebeskummer, unser überzogenes Konto, unser Übergewicht oder unsere Angst vor Krankheit aus einer kosmischen Perspektive betrachten, schrumpft das, was war, und das, was sein wird, auf ein überschaubares Maß zusammen. Einfach dadurch, dass wir uns klarmachen, dass sich jenseits des momentanen Gedankens, der gerade unseren Geist okkupiert, die Unermesslichkeit des Alls befindet. Wozu sich über Vergangenes und Künftiges aufregen? Auf die Vergangenheit haben wir sowieso keinen Einfluss mehr (sie steht ja schon fest), und auf die Zukunft haben wir noch keinen Einfluss (sie ist ja noch nicht). Nur die Gegenwart gehört uns. Nur über sie können wir – zumindest teilweise – bestimmen. Entsprechend hat Glück rein gar nichts mit Leistung, Erfolg, Besitz oder guter Gesundheit zu tun, Dingen, die irgendwann einmal wichtig waren oder sein werden. Aber eben nicht jetzt. Was vor drei Jahren war oder was in zwei Stunden sein wird, sollte uns nicht aus der Fassung bringen. Glücklichsein heißt, sich auf den Augenblick zu konzentrieren. Wer jetzt nicht glücklich ist, ist es (möglicherweise) nie. Weder das Glück noch die Philosophie ist eine Frage der richtigen Umstände, sondern der geistigen Haltung.

Aus stoischer Sicht sind die tausend Aufgaben und Pflichten, die wir ständig als Ursachen für verhindertes Glück anführen – wechselweise der Job, der Partner, die Kinder, der Haushalt, der Streit mit den Nachbarn und die Urlaubsplanung – nichts als Ausreden. Wie der römische Staatsmann und stoische Philosoph Seneca (ca. 4 v. Chr.–65 n. Chr.) schreibt:

»Neue Geschäfte werden sich immer und immer wieder einstellen: Wir säen sie geradezu, und aus jedem einzelnen 153 entstehen mehrere. Außerdem billigen wir uns den Aufschub selbst zu: ›Habe ich das erst fertig, dann will ich mich mit allen Kräften darauf stürzen‹ … ›Es kommt ja doch etwas dazwischen, das mich hindert.‹ – Aber nicht bei einem Mann, der bei aller Geschäftstätigkeit geistig froh und frisch bleibt.«

Ein schönes Leben zu wollen und es zu leben, sind zwei völlig verschiedene Dinge: Wer das Leben aufschiebt, hat schon verloren. Wer einsieht, dass es nie schöner ist als jetzt, *kann nur gewinnen.*

Die Kunst, im Hier und Jetzt zu sein, ist keine Domäne fernöstlicher Traditionen. Jede Kultur verfügt über spirituelle Praktiken, die dem schönen Leben (und Sterben, s. Kap. 8) dienen. Die Pendants griechischer Lebenskunst sind Yoga, Tantra und Zen-Meditation. Was für Hindus und Buddhisten die Meditation ist, war für Epikureer und Stoiker die »Übung«. Das Sanskritwort *bhavana* heißt »pflegen, fördern, kultivieren«, das tibetische *gom* »vertraut werden«, das altgriechische *askein* »etwas intensiv und kunstvoll bearbeiten«. Drei verschiedene Begriffe für ein einziges Ziel: eine gelungene Existenz, die sich zusammensetzt aus

- Gelassenheit
- innerer Freiheit
- Unabhängigkeit von materiellen Gütern
- Akzeptanz des Unabänderlichen
- Menschenliebe

Typisch griechisch ist allerdings die Kopflastigkeit: In unserer Kultur liegt der Fokus seit jeher auf dem vernünftigen Teil der Seele (griechisch *nous* bzw. *logos*). Der *Geist* übernimmt stets die therapeutische Hauptrolle bei der Verwirklichung des schönen Lebens.

Relax! – Schöner leben mit Epikur

Der Ursprung philosophischer Übungen, von den Pythagoreern zu den Epikureern, von den Kynikern zu den Stoikern, liegt in Atmungs- und Gedächtnistechniken uralter magisch-religiöser und schamanischer Traditionen. Schon zu Sokrates Zeiten ging es aber längst nicht mehr darum, sich durchs Atmen in Trance zu versetzen, sondern um die Frage, wie man mit rationalen Mitteln sein Leben verbessern könne. Epikur: »Wie wir einer Heilkunst nicht bedürfen, die nicht imstande ist, Krankheiten aus dem Körper zu vertreiben, so bedürfen wir auch einer Philosophie nicht, die nicht das Leiden der Seele vertreibt.«

Epikur lädt uns ein, einen kritischen Blick auf uns selbst und unsere Umgebung zu werfen. Was sehen wir: ausgeglichene, heitere Leute, die im Hier und Jetzt leben und vernünftige Werturteile fällen? Natürlich nicht. Wir sehen Menschen, die ständig unzufrieden sind, Geld, Macht und Sex hinterherhecheln. Menschen, die in dem Glauben sozialisiert wurden, man könne ohne Haus, Auto, Smartphone, Laptop, französischen Rotwein und Rinderfilet nicht leben. Jedenfalls nicht *schön*. Sehen wir also eine gesunde Gesellschaft? Durchaus nicht. Wir sehen Leute, die an Gier, Neid und Hass erkrankt sind, weil sie entweder zu viel besitzen oder zu wenig, und ansonsten vergeblich versuchen, ihre Angst vor dem Tod zu verdrängen.

Epikur geht hart mit uns ins Gericht. Für ihn sind wir stets beunruhigte und getriebene Kreaturen, die durch ihre irrigen Vorstellungen alles viel komplizierter machen, als es eigentlich ist. Schuld sind unsere verfehlten Meinungen über das schöne Leben, die uns immer weiter von unserer eigentlichen Natur entfernen. Was es heißt, naturgemäß zu leben, sehen wir am besten an kleinen Kindern. Am Verhalten dieser Wesen, die genau wie wir Verstand besitzen, aber anders als wir noch nicht von falschen Meinungen korrumpiert sind, können wir nämlich eindeutig ablesen: Es liegt nicht in unserer Natur, unzufrieden und unglücklich zu sein – sondern Lust zu empfinden und uns zu freuen.

Diese erstrebenswerte Verfassung ergibt sich beim Erwachsenen aber leider nicht durch bloße Einsicht, sondern nur durch stetes, sorgfältiges Üben. Es gilt, am Beispiel des Kindes die *»natürlichen« Freuden* von den *»leeren« Freuden* unterscheiden zu lernen. Natürlich und gut ist alles, was Hunger und Schmerzen stillt und meist leicht zu beschaffen ist (Wasser, Brot und Schlaf) – leer und schädlich alles, was ständig nach mehr verlangt und von einem Unruhezustand zum nächsten führt (das nächste Stück Kuchen, die nächste Beförderung, das nächste Paar Pumps). Dass der Mensch so intensiv nach leeren Freuden verlangt, ist auf unhinterfragte soziale Konventionen zurückzuführen. Diese, mahnt Epikur, verleiten uns nicht nur dazu, die leeren mit den natürlichen Freuden zu verwechseln, sondern auch, unsere kostbare Energie in Aktivitäten zu stecken, die das schöne Leben verhindern. Der Weise braucht zu seinem Glück nie mehr als nötig. Eine minimale Freude, die den Hunger vertreibt, kommt der maximalen Glückserfüllung gleich, einer quasi-dionysischen Ekstase: »Bring mir ein Stück Käse, damit ich, wenn ich Lust dazu habe, ein Festmahl veranstalten kann.«

Wer weise ist, ist kraft seines Verstandes Herr über seine Begierden und hält in allem das rechte Maß. Und wer mit praktischer Vernunft den Weisungen der Natur folgt, dessen Leben ist ebenso glücklich wie moralisch einwandfrei. Er braucht sich nicht mit Gelüsten herumplagen, die er ohnehin nie endgültig befriedigen kann, sondern hat Zeit, sich hier und jetzt darauf zu konzentrieren, ein guter Mensch zu werden.

Solange wir es nicht erlauben, kann nichts die natürlichen Freuden beeinträchtigen. Nicht einmal körperliche Schmerzen: Laut Epikur stellen weder Rücken- noch Regelschmerzen eine Gefahr für das schöne Leben dar: Wenn der Schmerz gering ist, ist er immer erträglich und kann die Freude der Seele nicht trüben; wenn er stark ist, geht er schnell vorbei; wenn er noch stärker ist, führt er schnell zum Tod, einem Zustand, indem wir ohnehin nichts mehr empfinden.

Klingt das logisch? Wir erinnern uns: Epikur ist Lebenskunstphilosoph. Er will nicht mit logischer Brillanz bestechen, sondern uns helfen, glücklich zu sein. Seine Philosophie soll nicht ein paar wenige Hochschulprofessoren vom Hocker reißen, sondern jedem Menschen, unabhängig von seinem Bildungsstand, einen Zugang zum bewussten und freien Leben ermöglichen. Seine unbegründeten Behauptungen sind nichts anderes als philosophische Therapeutika, die gegen schmerzhafte Erlebnisse immunisieren sollen. Wenn es nach Epikur geht, muss die Philosophie – als mentale Medizin – so alltäglich werden wie der Gang zur Toilette: »Wir müssen gleichzeitig lachen, philosophieren, unsere Haushaltspflichten erledigen und unsere anderen Fähigkeiten schulen ...«

Aber was ist mit seelischen Schmerzen, psychischem Leid, unseren tausend Ängsten? Egal, ob es sich um die Furcht vor den Göttern, dem Chef oder der Schwiegermutter handelt, das alles sind nichts als Auswüchse irriger Meinungen und Denkfehler, meint Epikur. Sogar der Tod sei nur für den ein Übel, der eine falsche Meinung darüber hat:

»Gewöhne dich an den grundlegenden Gedanken, dass der Tod für uns ein Nichts ist. Denn alles Gute und Schlimme beruht darauf, dass wir es empfinden. Verlust aber dieser Empfindung ist der Tod. .... Der Weise ... weicht weder dem Leben aus, noch fürchtet er das Nichtleben. Das Leben ist ihm nicht zuwider, noch hält er das Nichtleben für ein Übel. Wie er bei der Speise nicht die größere Menge, sondern das Wohlschmeckendste vorzieht, so will er sich nicht eines möglichst langen, sondern eines möglichst angenehmen Lebens erfreuen«, schreibt Epikur im *Brief an Menoikos*.

Er begreift das Sterben weder als Prozess noch als Übergang, sondern als den Augenblick, nach dem, wenn er vergangen ist, nichts mehr ist, was war. Für ihn ist der Tod weder das Gegenteil des Lebens noch das Leben das Gegenteil des Todes. Leben und Tod sind gleichsam zwei vollkommene Ganze, die rein gar nichts miteinander zu tun haben. Entweder Leben – oder Tod. Es gibt kein Dazwischen. Wozu also die ganze Aufregung? Das Leben ist schön, wenn man nur immer die vier Heilmittel (Epikurs *Tetrapharmakos*) zur Hand hat:

Vor den Göttern brauchen wir keine Angst zu haben.
Der Tod bedeutet Empfindungslosigkeit.
Das Gute ist leicht zu beschaffen.
Das Schlimme ist leicht zu ertragen.

Über diese Sentenzen soll man Tag und Nacht meditieren und sie auswendig lernen, damit sie in kritischen Situationen ihre Wirkung entfalten können. Damit sie anfangen, in einem lebendig zu werden. Bis der Freude hier und jetzt nichts mehr im Weg steht.

Haltung bewahren: Tapfer leben mit Epiktet

Im Gegensatz zu Epikur haben die Stoiker mit freudvoller Entspannung wenig am Hut. Was sie mit einem schönen Leben verbinden, wirkt zunächst ziemlich abschreckend: Anspannung, Vernunft, Tugendhaftigkeit. Für Zenon von Kition (ca. 333–262 v. Chr.), den Begründer der Stoa, war es undenkbar, wie Epikur anzunehmen, dass der Mensch komplett lustgesteuert sei. Er sah den Menschen, ob Sklave oder König, Chef oder Untergebener, Mann oder Frau, als rationales Wesen, dessen *Logos* Teil der göttlichen Vernunft ist. Ein schönes Leben ist laut Zenon nur möglich, wenn der Mensch seiner Natur gemäß – das heißt vernunftmäßig – agiert. Für Zenon und die Stoiker bedeutet vernünftig sein moralisch handeln, und moralisch handeln Glücklichsein. Punkt. Ein anderes Glück als das Glück, klar zu denken, für andere zu sorgen und sie gerecht zu behandeln, existiert nicht. (Freuden und Lüste gibt es nur als Nebeneffekte guter Taten gratis dazu.) Jede gute Handlung ist nichts anderes als Selbsterhaltung und Selbstbehauptung der menschlichen Natur, jede unmoralische Tat dagegen Selbstzerstörung, die nur einer kranken Seele entspringen kann. Mehr noch: Moralisches Verhalten ist das *einzige Gut,* das es in dieser Welt gibt, Unmoral das *einzige Übel.* Alles andere ist schlichtweg *gleichgültig.* Mit anderen Worten: Das Einzige, was zählt, ist das, was wir an moralisch Gutem oder Schlechtem in die Welt tragen. Denn nur dies hängt von unserer Vernunft und unserem Willen ab, während wir auf alles andere, Negative wie Positive, mit dem wir in dieser Welt konfrontiert werden, letztlich keinen Einfluss haben. Wann wir geboren werden und wann wir sterben, was aus unseren Kindern wird, ob wir die große Liebe finden oder an Krebs erkranken, ob uns unser bester Freund unterstützt oder fallen lässt, ob wir das große Geld machen oder ob die Inflation unser Vermögen auffrisst – all diese Dinge hängen nicht von uns ab. Denn alles kann allen zustoßen, guten wie schlechten Menschen gleichermaßen. Aus stoischer Sicht ist es völlig sinnlos, Risikomanagement zu betreiben oder großartige Zukunftspläne zu schmieden – das Schicksal kommt doch immer dazwischen. Niemand, weder ein anderer noch wir selbst, sollte deshalb von uns verlangen, mehr als das zu tun, was wir ohnehin tun müssen: vernünftig und gut zu sein.

Aber ist es überhaupt möglich, völlig unabhängig von äußeren Ereignissen, unabhängig auch davon, ob die eigenen guten Taten Früchte tragen oder nicht, glücklich zu sein? Das können wir nur herausfinden, wenn wir uns auf die stoische Therapie einlassen. Wenn wir einfach ausprobieren, ob die stoischen Heilmittel gegen aufreibende Emotionen (und die daraus resultierenden Kurzschlussreaktionen) schützen – und ob sie dafür geeignet sind, auch angesichts von Krisen und Katastrophen »schön« leben zu lernen.

Wie das geht, zeigt Epiktet (ca. 50–138 n. Chr.), der einflussreichste Stoiker der Kaiserzeit, dessen Lehren bis in die moderne Psychotherapie nachwirken (s. Gebrauchsanweisung III). Bevor er Philosoph wurde, war Epiktet Sklave in Rom – und somit ein Experte in Sachen Ohnmacht und Fremdbestimmtheit. Laut Epiktet kann jeder immer und überall frei sein, solange er Freiheit nicht dort sucht, wo sie (zumindest dauerhaft) nicht ist: im Außen. Wirklich frei sind wir nur, wenn wir uns darin üben, irrige Wertungen zu vermeiden – nicht ständig als gut oder schlecht einstufen, was tatsächlich gleichgültig ist:

»Nicht die Dinge selbst beunruhigen den Menschen, sondern ihre Meinungen und Urteile über die Dinge. … Wenn wir also auf Hindernisse stoßen, beunruhigt oder gekränkt werden, wollen wir die Schuld nie einem anderen, sondern nur uns selbst geben, das heißt unseren Meinungen und Urteilen«, heißt es im *Handbüchlein der Moral,* einem Kompendium von Dogmen zum Auswendiglernen.

Der Schlüssel zur inneren Freiheit liegt laut Epiktet in der Kunst des Urteilens. Denn unsere Emotionen sind nie wertfrei. Epiktet verortet die Impulse und Begierden, die uns die letzte Kraft rauben können, sogar innerhalb unseres rationalen Seelenteils. Ein quälender Affekt ist gleichsam durch falsche Bewertung erzeugter, pervertierter *Logos.* Wir machen uns ja nicht einfach so zum Spaß Sorgen, sondern weil wir *meinen,* irgendetwas schrecklich Unangenehmes stehe kurz bevor (obwohl die Erfahrung uns längst gezeigt hat, dass das Unangenehme meist nicht ganz so schrecklich ist, wie wir glaubten). Gott sei Dank können wir selbst entscheiden, ob wir den wesentlichen Teil unserer Selbst – die Vernunft – von Angst, Wut, Scham, Neid oder Gier versklaven oder ihn souverän in uns regieren lassen. Wir können jederzeit mit der Umwertung der (falschen) Wertungen beginnen. Indem wir unsere Urteile in einem Dialog mit einem Freund oder mit uns selbst kritisch hinterfragen; und natürlich, indem wir uns darin üben, die Vorgaben aus dem *Handbüchlein* im Alltag umzusetzen:

»Wenn du einen Krug liebst, so sage dir: ›Es ist ein Krug, den ich liebe.‹ Dann wirst du nämlich nicht deine Fassung verlieren, wenn er zerbricht.«

»Wenn jemand deinen Körper dem ersten besten, der dir begegnet, ausliefern würde, dann wärest du entrüstet. Dass du aber dein Denken jedem Beliebigem auslieferst, so dass es … verstört wird, wenn er dich beleidigt – dessen schämst du dich nicht?«

»Verlange nicht, dass das, was geschieht, so geschieht, wie du es wünschst, sondern wünsche, dass es so geschieht, wie es geschieht, und dein Leben wird heiter dahinströmen.«

Das Wichtigste, was wir in diesem Leben lernen müssen, ist nach Epiktet, uns wieder und wieder zu fragen: *Was liegt in meiner Macht – und was nicht?* Das klingt trivial, ist aber, wie wir alle wissen, irrsinnig schwer. Denn leider konzentrieren wir edlen Vernunftwesen uns eben mit Vorliebe auf das, was sich unserem Einflussbereich entzieht. Wir versuchen, die anderen zu ändern anstatt uns selbst, sind beleidigt, weil wir ärmer, hässlicher oder kränker sind als andere. Und dann schimpfen wir auch noch über Kollegen, Vorgesetzte, Ärzte und Politiker. Anstatt uns zu fragen, was *wir* tun können, um dem ein oder anderen Übel den Garaus zu machen. Wäre das Leben nicht viel schöner, wenn wir unseren Hirnapparat zielführender einsetzten? Vielleicht müssten wir dann im entscheidenden Augenblick nicht mehr weinend zusammenzubrechen, sondern könnten endlich die berühmte stoische Gelassenheit an den Tag legen.

Wenn es uns gelingt, stoische Pflicht und epikureisches Vergnügen auszubalancieren, sind wir ziemlich gute Philosophen. Wenn wir gern tun, was wir tun müssen – aber auch genießen können, was wir nicht tun müssen –, erweisen wir uns zumindest als fähig, der Aufgeregtheit unserer Seele einen klaren Geist zur Seite zu stellen.

Keiner von uns »kann« leben, nur weil er der Schulzeit entwachsen ist. Niemand beherrscht das schöne, glückliche Leben aus dem Effeff. Wie ein Kunststück will es immer wieder geübt werden, mit Anspannung und Entspannung, Ernst und Heiterkeit. Die innere Festigkeit, die aus geistiger Übung entsteht, hilft, das Beste auch aus schlechten Zeiten zu machen. Aber kann man es auch noch nach schweren Schicksalsschlägen »schön« haben? Oder muss es bei einem Versuch bleiben?

→ *Kapitel 8*

»Die ganze Vielfalt, der ganze Reiz,
die ganze Schönheit des Lebens
besteht aus Schatten und Licht.«

LEO N. TOLSTOI

8 Schönes Leben II: Warum man Austern essen soll, wenn man krank ist

Den Bemühungen von Diogenes, Epikur und Co. zum Trotz (s. Kap. 7) wird das schöne Leben von einem Großteil der Menschheit mit einem gehobenen Lebensstandard identifiziert. Warum auch nicht? Die Auffassung, dass es zum Glücklichsein nichts weiter bedürfe als eine bestimmte Geisteshaltung, mag edel sein – ob sie auch praktikabel ist, kann durchaus bezweifelt werden. Sogar Aristoteles räumte ein, dass Tugendhaftigkeit, Weisheit und praktische Urteilskraft zwar zu einem gelungenen Leben beitragen, jedoch im Zweifelsfall nicht ausreichen. Wer extrem hässlich oder vereinsamt sei, wer aus ärmlichen Verhältnissen stamme, missratene Kinder habe oder schlechte Freunde, sei zwar immer noch in der Lage, sich am eigenen moralischen Charakter zu erfreuen, schreibt Aristoteles in der *Nikomachischen Ethik.* Aber ohne ein Minimum an äußeren Gütern könne eben niemand dauerhaft glücklich sein.

Wir Erben der altgriechischen Kultur sind in der Regel deutlich materialistischer eingestellt als Aristoteles. Die wenigsten von uns geben sich mit dem Minimum zufrieden. Die meisten peilen möglichst zügig das Maximum an. Alles dreht sich mehr oder weniger darum, *es geschafft* zu haben. Eine eigene

Familie, ein eigenes Haus, eine eigene Firma. Hauptsache, es geht schnell. In der von kollektiver Raserei befallenen Beschleunigungsgesellschaft (s. Kap. 2) gilt: Zeit ist Geld, und nur wer Geld hat, kann schön leben. Da wir nie genau wissen, wie viel Geld genug Geld ist, gehen wir auf Nummer sicher. Wir geizen mit unserer Zeit, wo immer möglich. Aber wir können noch so viele Stunden, Minuten und Sekunden ansparen (mittels Tablet-PCs, Smartphones, Langstreckenflügen oder Speeddating), am Ende müssen wir regelmäßig feststellen, dass uns – außer einer Reihe äußerer Güter – nichts geblieben ist. Nichts, was man ein schönes Leben nennen könnte …

Irgendwann fällt es uns wie Schuppen von den Augen: *Zeit ist nicht Geld – Zeit ist Leben.* Diese Erkenntnis ereilt uns spätestens dann, wenn wir endgültig begriffen haben, dass wir *es nie schaffen* werden. Weil da immer etwas ist, das wir noch besser schaffen könnten; weil es immer jemanden gibt, der es besser schafft als wir; weil wir aufgrund eines unvorhersehbaren Problems, einer Krise, eines plötzlichen Schicksalsschlags plötzlich damit aufhören müssen, es schaffen zu wollen. Spätestens dann wird uns klar: Das vollendete Leben gibt es so wenig wie das maximale Glück. Es kann nur immer mehr oder weniger erfolgreiche *Versuche* geben, schön zu leben.

Genuss durch Staunen

Mit dem Leben ist es wie mit allen kreativen Tätigkeiten: *Nicht auf das Ziel, auf den Weg kommt es an, nicht auf die Perfektion, sondern auf den Versuch.* Die Epikureer und Stoiker nannten das Leben folglich eine »Übung«; für den späthumanistischen französischen Philosophen Michel de Montaigne (1533–1592) war es ein Essay – vom damaligen französischen Wort *essai* für 164 »Versuch«, »(Kost-)Probe«, »Geschmack«.

Montaigne lehrt, dass Geld und Status nichts sind gegen die Fähigkeit, »bei sich zu Hause« zu sein. Um sich in der eigenen Haut, mit den eigenen Gedanken wohlzufühlen, genügt ein dem Terminkalender mühsam abgerungenes Zeitfenster nicht. Es braucht mehr – ungefähr ein halbes Erwachsenenleben.

1570, mit siebenunddreißig Jahren, gibt Montaigne seinen Job als Parlamentsrat von Bordeaux auf. Nachdem in kurzen Abständen sein bester Freund, sein Vater, sein Bruder und sein erstgeborenes Kind gestorben sind, kann er nicht einfach wieder zur Tagesordnung übergehen. Er zieht sich in einen Rundturm des Familienschlosses im südwestfranzösischen Périgord zurück, um in aller Ruhe Gedanken über Vergehen und Sterben nachzuhängen und sich auf seinen eigenen Tod vorzubereiten – getreu dem Motto des Dichters Lukrez (ca. 97–55 v. Chr.): »Neues Vergnügen bildet sich nicht durch längeres Leben.«

Doch dann entwickelt sich alles ganz anders als geplant. Die ruhigen Stunden in seiner geliebten Turmbibliothek, in der die Bücher in fünf Reihen übereinander in rundum laufenden Holzregalen stehen, werden ihm zur Qual. Tausend Gedanken gleichzeitig schießen durch seinen Kopf. Um sie zu zähmen, beginnt Montaigne, sie aufzuschreiben. Während draußen die Religionskriege das Land verwüsten, sitzt der Schlossherr an seinem Schreibtisch und notiert, was ihn bewegt. Seine insgesamt 107 *Essais* kreisen nur um ein einziges Thema: Montaigne. Montaigne und wie er die Welt sieht; Montaigne und wie er ständig seine Meinung ändert; Montaigne und wie er immer weiter abkommt von seiner Todesbesessenheit. Seine Texte sind »Kostproben« der unterschiedlichsten Themen: »Über die Freundschaft«, »Über die Menschenfresser«, »Über Daumen«, »Über die Ähnlichkeit der Kinder mit ihren Vätern«, »Über die Nachteile einer hohen Stellung«, »Über die Frage, ob der Kommandant einer belagerten Festung zu Kapitulationsverhandlungen herauskommen soll« usw.

Schreibend folgt Montaigne ganz seinen momentanen Empfindungen. Er denkt an vieles, nur nicht an ein zu erreichendes Maximum. Was er hat, genügt ihm. Und überhaupt: Was nützt es ihm schon, adlig zu sein, ein Schloss und ein Weingut zu besitzen, wenn ihm doch so viele derer, die er liebte, genommen wurden? Was nützt es ihm eigentlich überhaupt zu existieren? Montaigne lässt sich nicht hetzen. Er nimmt sich die Zeit, die sein »sauertöpfisch gewordener Geist« braucht, um sich zu regenerieren: »Ich beobachte mich unablässig, ich prüfe mich, ich koste mich … Ich wälze mich in mir selbst.«

Und je mehr er seinen Hirnmuskel trainiert, desto mehr weicht sein Trübsinn einer Leichtigkeit. Desto mehr dämmert ihm, dass das schöne Leben oft nicht mehr als einen Gedanken weit von ihm entfernt ist:

»In Wahrheit ist nichts fröhlicher und frohgemuter als (die Philosophie), nichts spielfreudiger und, fast hätte ich gesagt, überschäumender. Nur Lust und Wonne predigt sie. Wer eine saure Trauermiene aufsetzt, verrät damit, dass sie bei ihm keine Wohnstatt hat.«

Die Wandlung vom Melancholiker zum Euphoriker geschieht unvorhergesehen. In seinen ersten Essays zeigt sich der leidgeprüfte Montaigne noch als überzeugter Stoiker. Dort heißt Philosophieren »Sterben lernen«, die Angst vor der Endlichkeit abzulegen und (getreu Zenon und Epiktet) die gleichgültigen Dinge gleichgültig sein zu lassen. Montaigne übt sich in der Vorstellung des Schlimmsten, was ihm und seinen Lieben zustoßen könnte, und dem gegenüber eine gelassene Haltung anzunehmen. Was nur zur Folge hat, dass er noch ängstlicher, noch besorgter wird. Sein stoisches Mentaltraining manövriert ihn fast in eine schwere Depression hinein – doch dann kommt ihm ein Reitunfall zu Hilfe.

Während eines Ausritts prallt Montaignes Pferd mit einem anderen zusammen; Montaigne wird aus dem Sattel geschleudert, fliegt in hohem Bogen durch die Luft und schlägt hart auf dem Boden auf. Als er blutüberströmt wieder zu sich kommt, fühlt er sich »von der wohligen Süße durchdrungen, die man verspürt, wenn man in den Schlaf hinübergleitet«.

Man trägt ihn nach Hause, und immer noch ist ihm äußerst behaglich zumute. Ein innerer Autopilot lässt ihn sogar noch ein paar organisatorische Dinge erledigen, bevor man ihn zu Bett bringt. Erst als sein Geist wieder zu Kräften kommt, spürt er seine »zerquetschten« und »zerschlagenen« Gliedmaßen.

Jahre später blickt er auf dieses Ereignis zurück und kommt zu dem Ergebnis, dass vernünftige Gedanken gegen den Tod nicht das Geringste ausrichten können. Wenn überhaupt, hilft uns nicht der *Logos,* die Angst vor ihm zu verringern, sondern nur die »nähere Bekanntschaft« mit ihm. Die Todesnähe liefert Montaigne jedenfalls den unwiderlegbaren Beweis, dass *Geist und Körper* aufs Engste verbunden sind. Auch wenn wir mit unserem Geist himmelhoch in den Wolken schweben – es sind immer noch unsere Beine, auf denen wir uns fortbewegen, es ist immer noch unser Hinterteil, auf dem wir sitzen, betont der Philosoph. Ganz im Gegensatz zu den Stoikern zweifelt er jetzt an der Allmacht logischen Denkens. Er hat schließlich am eigenen Leib erfahren, dass der Mensch viel weniger im Griff hat, als er glaubt. Unsere natürliche Verfassung, so Montaignes neue These, ist nicht die Verstandesklarheit, sondern die Unsicherheit, die geistige Trunkenheit, »die ungreifbare(n), nebelartig hin und her wabernde(n) Gedanken«. Aber wenn der Geist uns sowieso nicht befähigt, zur Weisheit zu gelangen, weil der Körper immer ein Wörtchen mitzureden hat, ist auch das Räsonieren über den Tod sinnlos. Daraus schließt Montaigne: »Mein Handwerk und meine Kunst ist es, zu leben.«

Von nun an setzt Montaigne seine grauen Zellen nicht mehr ein, um den Tod in Schach zu halten, sondern um zu *staunen*. Wie die Titel der *Essais* zeigen, gibt es (fast) nichts, worüber er nicht staunt. Je mehr Zweifelhaftes, Widersprüchliches,

Unbegreifliches er an diesem Leben entdeckt, desto schöner, liebenswerter, lebenswerter wird es für ihn. Dazu braucht Montaigne nicht einmal sein Schloss zu verlassen. Die meisten Merkwürdigkeiten findet er in unmittelbarer Nähe. Zum Beispiel seine Katze:

»Wenn ich mit meiner Katze spiele – wer weiß, ob ich nicht mehr ihr zum Zeitvertreib diene als sie mir? Die närrischen Spiele, mit denen wir uns vergnügen, sind wechselseitig: Ebenso oft wie ich bestimmt sie, wann es losgehen oder aufhören soll.«

Montaigne staunt auch darüber, wie sehr sich Hunde, Pferde, Elefanten, Papageien, Zitterrochen, Chamäleons, Spinnen und Menschen in ihren Fertigkeiten ähneln. Er spricht den Tieren sogar eine moralische und intellektuelle Überlegenheit gegenüber dem stets hochmütigen, stets anmaßenden *Homo sapiens* zu. Damit gelingt es ihm, den wichtigsten Philosophen der Neuzeit in Rage zu versetzen: René Descartes (1596–1650). Wie Montaigne ist auch Descartes ein großer Zweifler. Aber anders als Montaigne zweifelt Descartes nicht an der menschlichen Verstandeskraft. Sein Zweifel ist ein methodischer: Er soll ihm Gewissheit über die Unzweifelhaftigkeit logischen Denkens verschaffen. Nachdem Descartes systematisch alles bezweifelt hat, was nicht niet- und nagelfest ist, erkennt er, dass er eines ganz sicher weiß: dass *er* es ist, der zweifelt. Wer zweifelt, denkt. Und wer denkt, muss existieren. Von dort führt seine Gedankenkette zu dem berühmten *Cogito ergo sum.*

Laut Descartes kann dieses *Cogito* nur ein menschliches, niemals aber ein tierisches sein, denn nur der Mensch ist dazu fähig, diese Welt mathematisch genau zu erfassen. Descartes und Montaigne sind in jeder Hinsicht Antipoden: Descartes will die Dinge voneinander unterscheiden (wie den Menschen vom Tier). Montaigne will sie einander annähern und miteinander befreunden (wie sich selbst mit seiner Katze). Descartes möchte verstehen, Montaigne staunen. Descartes sieht den

*Montaigne auf einem Crayonstich von
Jean Charles François, 1762*

Menschen als Krone der Schöpfung, Montaigne als ein liebens-
wertes Mangelwesen voller Ungereimtheiten. Descartes versteht unter Schönheit gedankliche Tiefe und logische Transparenz. Für Montaigne ist Schönheit *aisthesis* (s. Kap. 3):
sinnliche Wahrnehmung, ein »Kosten« und »Schmecken« des
Lebens in all seinen Facetten.

Im Unterschied zu Descartes ist Montaigne nicht nur Denker, sondern auch Weinbauer. Durch seine drei Turmfenster
blickt er auf die Weinstöcke, sieht zu, wie die Reben wach-
sen, blühen und reifen, bis die Trauben bereit sind, geerntet zu
werden. Genau wie seine Gedanken. Ihm ist bewusst, dass
alles dem Lauf der Natur unterliegt, dass auch Geist und Körper dem Rhythmus der Jahreszeiten folgen. So entsteht eine

169

bodenständige, vergnügte Philosophie, die Autor wie Leser in immer neuen Variationen dazu verführt, so viel wie möglich von der »Schönheit« und »Süße« des Lebens zu kosten.

Montaignes Lebensrezepte

Montaigne ist ein Skeptiker (s. Kap. 9), der an allem zweifelt und alles infrage stellt, was Weisheit für sich beansprucht (am liebsten sich selbst). Er hat eine feine Nase für Unstimmigkeiten. Nicht nur er selbst, sondern das Leben insgesamt erscheint ihm derart paradox, dass er gar nicht anders kann, als sich permanent zu widersprechen. Mal ist er ein überzeugter Einzelgänger, mal ein Ausbund an Geselligkeit. Mal ist er fürs Maßhalten, mal für den Exzess. Erst kommt er fast um vor Trübsinn, dann wieder kann er sich kaum halten vor Lachen. Erst philosophiert er, um zu sterben – dann, um zu leben.

Im Vergleich zu den Lehren der Stoiker und Epikureer, die Montaigne teils bewundernd, teils kritisch zitiert, wirken die *Essais* wie Kraut und Rüben. Doch dieser philosophische Gemüsegarten birgt einige der originellsten und wertvollsten Lebensrezepte der Philosophiegeschichte:

SINNLICHKEIT: Für Montaigne ist das Philosophieren ein ganzheitliches Geschehen, in dem *alle* Aspekte des Menschseins eine Rolle spielen. Zwar übernehmen die Gedanken beim Schreiben die Führung – aber »sowohl die Könige wie die Philosophen scheißen, und die Damen auch«.

Im Gegensatz zu Descartes, der zwischen Geist und Körper einen klaren Trennstrich ziehen will, geht Montaigne davon aus, dass der Geist unrettbar mit Körperlichem kontaminiert ist. Die Erfahrung hat ihn gelehrt, dass stoische und epikureische Disziplinarmaßnahmen gegen die Gewalt sinnlicher

170

Begierden wenig ausrichten können. Wollust und Hunger wollen sofort befriedigt werden. Sobald sich sein Körper meldet, drosselt der Philosoph seine geistige Aktivität – ohne sie aber ganz einzustellen: »Ich will keineswegs, dass der Geist sich ans Tafeln kette und mit dem Körper im Schlemmen suhle, wohl aber, dass er diesen nicht im Stich lässt.«

Montaigne weiß auch: Je verkopfter der Mensch, desto schläfriger seine Sinne. Deshalb setzt er körperliche Freuden mit Vorliebe als Heilmittel gegen gedankliche Verbissenheit ein. Seit seinem Reitunfall weiß er, dass das Leben zu kurz ist, um es ans Grübeln zu verschwenden. Kulinarischer Genuss hilft ihm, ins Hier und Jetzt zurückzukehren. Wenn er isst, kann er nicht schreiben und nur schlecht denken. Wenn er isst, isst er. Montaigne ermutigt sich selbst (und uns) zu einem intensiven Genusstraining. Was für große Kriegsherren wie Caesar oder Alexander galt, so der Philosoph, sollte auch für alle anderen gelten: ab und zu eine Pause machen, um die Lust am Genuss neu zu entdecken: »Man sollte den Lüsten weder nachlaufen noch vor ihnen wegrennen – man sollte sie willkommen heißen.«

Ob ungesalzenes Brot, Fleisch, Melonen, wohlriechende Kräuter, das Filet einer Feigendrossel, »Zuckerzeug«, Obst oder Salate – mal meint Montaigne, er müsse alles gierig in sich hineinschlingen, mal mahnt er sich zur Zurückhaltung. Heiter pendelt er von einem Extrem zum anderen. Was ihm als rechtes Maß des Genusses vorschwebt, ist nicht etwa die Mitte zwischen Diät und Völlerei. Es ist die Kunst, Geist und Sinne gleichermaßen zu bedienen. Im Zweifelsfall, meint Montaigne mit Epikur, ist es wichtiger, mit wem man isst, als was man isst. Niemandem, der auch nur über einen Funken Esprit verfügt, kann entgehen, dass eine Soße eben deshalb so köstlich schmeckt, weil man sie in netter Runde bei anregenden Gesprächen genießt. Und weniger, weil sie fachmännisch zubereitet wurde. So oder so lautet Montaignes Fazit: Sinnlichkeit ist ein Geschenk des Körpers an den Geist.

GEDULD: »Wenn meine Gesundheit mir lacht oder ein schöner Tag mit seiner Heiterkeit, wie gut bin ich da zu haben! Kaum drückt mich aber ein Hühnerauge, und schon bin ich unfreundlich, mürrisch und nicht mehr ansprechbar«, schreibt der Philosoph.

Angesichts dieser Wankelmütigkeit hält Montaigne Geduld für die einzig angemessene Reaktion. Nur nicht gleich übermütig werden, nur nicht gleich meinen, das Ende der Welt stehe kurz bevor. Lieber erst einmal abwarten. Ein unangenehmer Zustand vergeht nicht schneller, bloß weil man ständig auf die Uhr schaut. Montaigne weiß, wovon er spricht. Seit seinem vierzigsten Lebensjahr leidet er unter Nierenkoliken. Erbrechen, Fieber und höllische Schmerzattacken zwingen ihn zu immer neuen, meist fruchtlosen Kuren. Hinzu kommen Grippen, Herzbeschwerden, Migränen und andere Unannehmlichkeiten. Während der ausgedehnten Zeiten, in denen der sonst so agile Schlossherr das Bett hüten muss, wird Montaigne nach und nach zu einem Profi im Umgang mit Krankheit. Er lernt, dass es besser ist, Krankheiten höflich zu behandeln, statt sie zu verfluchen – und zwar, indem er ihnen möglichst gelassen begegnet und ihnen genug Zeit gibt, sich an ihm auszutoben: »Wer sie mit herrischer Gewalt zu verkürzen sucht, verlängert und vermehrt sie; er fordert sie heraus, statt sie zu besänftigen.«

Geduldigsein heißt für Montaigne nicht, den Istzustand möglichst demütig zu ertragen. Mit Selbstkasteiung hat er nichts am Hut. Keine Krankheit und kein Arzt der Welt können ihn dazu zwingen, auf Sparflamme zu leben. Der Philosoph warnt sogar vor allzu gewissenhaftem Gesundheitsmanagement. Wenn er Lust dazu hat, lässt er es sich lieber gut gehen, anstatt allzu strikt den ärztlichen Anweisungen zu folgen: »Mit einer Nierenkolik und gleichzeitig dem Verbot geschlagen zu sein, sich dem Genuss von Austern hinzugeben – das sind zwei Übel für eins.«

Der kranke Philosoph denkt gar nicht daran, sich von seinen Gebrechen unterkriegen zu lassen und mehr Zeit als nötig ans Leiden zu verschwenden. Er gewöhnt sich einfach an, die Bitterkeit des Krankseins genauso zu »probieren« wie seinen Wein, und den »Geschmack« des Leidens mit dem der Freude über die anschließende Genesung zu vergleichen. Krank und gesund gehören für ihn zusammen wie süß und sauer, Dur und Moll, hell und dunkel:

»Unser Leben ist wie die Harmonie der Welt aus Gegensätzlichem zusammengefügt, aus ungleichen Tönen: weichen und harten, hellen und dunklen, sanften und strengen. Ein Musiker, der nur die einen liebte – was hätte der uns schon zu sagen?«

Die Botschaft ist klar: Das Leben wird nicht schöner, wenn wir es verzweifelt herbeisehnen. Es wird schön, wenn wir die Geduld aufbringen, es *en détail* zu erforschen.

GESELLIGKEIT UND FREUNDSCHAFT: Schloss Montaigne ist alles andere als ein stiller Ort. Montaignes Frau, seine Tochter (das einzige von fünf Kindern, das nicht gleich nach der Geburt starb), seine Enkelin, seine Bediensteten sowie zahlreiche Besucher, umherziehende Akrobaten, Tänzer und Hundedresseure, geben sich die Klinke in die Hand. Als Schlossherr und Gutsbesitzer kann es sich der Philosoph kaum leisten, eigenbrötlerisch zu werden; erst recht nicht, als er mit siebenundvierzig Jahren zum Bürgermeister von Bordeaux gewählt wird. Aber diese Gefahr besteht sowieso nicht. Der Philosoph hat eine sehr extrovertierte Seite. Er liebt es, (nicht nur beim Essen) unter Leuten zu sein. Montaigne hat nicht bloß am einsamen Denken, Schreiben und Lesen Spaß, sondern auch an der Kontaktpflege und am Netzwerken. Wer sich bei einer Party still in eine Ecke verzieht, für den hat Montaigne kein Verständnis. Er hält es für unabdingbar, sich den Gepflogenheiten verschiedenster Gesellschaften anzupassen, »sogar an Ausschweifungen und Orgien« teilzunehmen. Was das soziale Leben betrifft, 173 soll man alles tun können – aber auch wissen, was man am liebsten tut. Für den Philosophen ist das der Austausch mit möglichst vielen, möglichst unterschiedlichen Leuten. Er zieht Gespräche Büchern vor, solange sie offen und wohlwollend verlaufen und ihn amüsieren. Diskussionen schätzt er so sehr, weil sie die Urteilskraft schärfen und den Horizont weiten: »Wir sind alle in uns eingezwängt und hineingekrümmt, und unser Blick reicht nicht weiter als bis zur Nasenspitze.«

Leidenschaftliche Debatten zu führen, gehört für ihn genauso zur Lebenskunst wie die Fähigkeit, sorgfältig zu überlegen, mit wem man sich befreunden will. Er empfiehlt, Miesepeter, Streithähne und solche, die immer irgendetwas von einem wollen, streng auszusortieren. Wozu auch bloß aus Höflichkeit mit anderen zusammen sein? Die besten Kontakte sind die echten Freunde, Seelenverwandte, die man nicht ständig unterhalten muss, sondern bei denen man auch »stumm und träumerisch in sich verschlossen sein darf«, so Montaigne.

Montaigne geht nichts über wahre Freundschaft. Er zieht sie sowohl der Ehe vor (die er eher nüchtern als Handelsbeziehung einstuft), als auch der Liebe zu den Frauen (die nie nachhaltig befriedigt, weil sie ebenso schnell erglüht, wie sie verbrennt). Die höchste Form der Freundschaft sieht er in der geistigen Verbindung zu einem Menschen, bei dem seine Geheimnisse sicher sind. Der ihm genauso viel Gutes tut wie er ihm, mit dem er sich ohne Reue in die Haare kriegen und von dem er sagen kann: »Er ist ich.« Um eine solche Freundschaft, rät Montaigne, sollten wir alle kämpfen. Denn sie zählt zu den wichtigsten Zutaten für ein schönes, gelungenes Leben.

BÜCHER: Da es nicht leicht ist, wahre Freunde zu finden und Montaigne mit zunehmendem Alter auch nicht mehr ganz so viel Lust auf die Frauen hat, wird ihm die Beziehung zu seinen Büchern immer wichtiger: »Sie sind die beste Wegzehrung, die ich für unsere irdische Reise gefunden habe, und ich

174

bemitleide zutiefst alle Menschen von Verstand, die ihrer ermangeln.«

Bücher haben viele Vorteile. Sie entführen ihn in eine andere Welt, ohne die geringste Gegenleistung zu verlangen. Montaigne kann ihnen untreu werden, sooft er will, sie nehmen es ihm niemals übel. Sie werden auch nicht sauer, wenn er sich nicht besonders eingehend mit ihnen befasst. Tatsächlich ist Montaigne ein ziemlich chaotischer Leser: Er geht in seiner Bibliothek auf und ab – denn ganz ohne körperliche Bewegung kann er nicht denken – und blättert dann wild im nächstbesten Buch herum, das ihm ins Auge springt. Ob das Wissen der Schriftsteller, die er liebt, fundiert ist oder nicht, ist ihm egal. Was ihn am meisten interessiert, ist der Charakter des Autors, der zwischen den Zeilen hervorlugt; der sich eher darin zeigt, *wie* jemand schreibt, weniger darin, *was* er schreibt.

Mal liest Montaigne mehrere Stunden pro Tag, mal schaut er seine Bände monatelang nicht einmal an. So oder so haben Bücher eine Art psychotherapeutische Wirkung auf ihn: Sie lenken ihn von den Qualen seines Nierenleidens ab; sie machen in unabhängig von stumpfen Leuten, die ihm nur die Zeit stehlen; sie schützen ihn vor Einsamkeit. Die Gewissheit, dass an die tausend Werke in seinem Turmzimmer auf ihn warten, beruhigt ihn ungeheuer. Weil er weiß, dass er im Notfall zu ihnen zurückkehren kann, kann er gelassen an den oberflächlichsten Zerstreuungen teilnehmen. »Ich fände es notfalls erträglicher«, schreibt der bei anderen Gelegenheiten so gesellige Schlossherr, »immer allein zu sein, als es nie sein zu können.«

Montaigne ist ein für seine Zeit weit gereister Mann. 1581 unternimmt er einen siebzehnmonatigen Trip durch die Schweiz, Deutschland, Österreich und Italien, der ihm viele neue schriftstellerische Impulse beschert. Seine intensivsten Touren aber sind die ausgedehnten Gedankenreisen, die er in Gesellschaft seiner Bücher veranstaltet. Montaigne nimmt sich Zeit, seinen Hirnmuskel zu trainieren. Auch wenn er dadurch die körperliche

Fitness vernachlässigt. Auch wenn er deshalb seine politischen Kollegen in Bordeaux, die Diplomaten, Könige, Kriegsherren und adlige Damen der Umgebung auf später vertrösten muss. Anders als wir ist Montaigne ein Meister der Muße. Er inspiriert uns, nicht immer nur außer uns zu sein – aus Angst, etwas zu versäumen –, sondern auch dann und wann »zu Hause« zu bleiben, bei unseren eigenen Gedanken, Fantasien und Träumen.

HUMOR: »(D)as Besondere unsres Menschseins besteht darin, dass wir zugleich des Lachens fähige und lächerliche Wesen sind«, schreibt Montaigne.

Der Philosoph nutzt jede Gelegenheit, um sich über sich selbst zu amüsieren. Seine abrupten Stimmungswechsel und Meinungsänderungen und die ständigen Widersprüche, in denen er sich verhakt, findet er zum Schreien komisch. Montaigne betrachtet die Welt als Bühne – und uns als Schauspieler, die verschiedene Rollen proben. Und die beim Rollenspiel leider oft vergessen, dass alles nur Theater ist (vgl. Kap. 6). Montaigne hat recht: Anstatt »zu erkennen, was in uns ist«, identifizieren wir uns nur zu gern mit dem, was wir nicht sind: etwas Höherem, Besseren, Perfekteren. Wir neigen zur Aufgeblasenheit. Wir meinen, wir könnten *es schaffen,* wir hätten Anspruch auf das Maximum. Wenigstens diesem Leiden kann Montaigne nicht erliegen. Er verfügt schließlich über einen ausgezeichneten Impfstoff. Die Selbstironie: »Ich habe auf der ganzen Welt bisher kein ausgeprägteres Monster und Mirakel gesehn als mich selbst.«

Auch wir könnten viel schöner leben, wenn wir uns selbst nicht so ernst nehmen würden. Wenn wir erkennen würden, dass wir hinter unseren fest gefügten Ansichten voller Zweifel sind. Wie wäre es, wenn wir die eigene Borniertheit ablegten, anstatt uns über die Dummheiten der anderen zu ärgern? Wenn wir zugeben würden, dass wir tausend Mal pro Tag irren, weil wir Sein und Schein nicht auseinanderhalten können? Wäre

es nicht einen Versuch wert? Montaigne ermuntert uns loszulassen – und uns auf das zu konzentrieren, was wirklich zählt:
unser Glück.

Die Kunst, schön zu leben, ist kein Vorrecht altgriechischer
Philosophen und französischer Adliger. Jeder kann sie erler-
nen. Wie »Hänschen klein« auf dem Klavier oder einen Purzel-
baum. Das Schwierige an der Lebenskunst ist, dass sie so ein-
fach ist. Wir sind es, die kompliziert sind. Wir erklären das
Leben zu einer komplexen, multifaktoriellen Angelegenheit.
Und wir glauben, für komplexe Probleme müsse es komplexe
Antworten geben.

Aber die Antwort ist ganz einfach: *Lerne, die hässlichen
Seiten des Lebens wahlweise zu akzeptieren, zu bejahen oder
zu genießen.* Das ist alles. Die Lektionen der Lebenskunstphilosophen – von den Kynikern bis Montaigne – sind viel
leichter als die Aufgaben, an denen wir uns Tag für Tag abarbeiten: Leisten. Maximieren. Zeitsparen. Aber ist wirklich
alles nur eine Frage des Loslassens? Und wenn ja: Was ist der
Preis? → *Kapitel 9*

Einer sei jung, schön, reich und geehrt;
so frägt sich, wenn man sein Glück beurteilen will,
ob er dabei heiter sei: ist er hingegen heiter;
so ist es einerlei, ob er jung oder alt,
gerade oder bucklig, arm oder reich sei;
er ist glücklich.

ARTHUR SCHOPENHAUER

9 Schön und gut: Warum es ganz leicht sein kann, loszulassen

Es gibt Menschen, denen das Glück in die Wiege gelegt zu sein scheint. Leute, die von der Poleposition aus ins Leben starten können, weil sie *alles* haben: Attraktivität, Intelligenz, eine charismatische Persönlichkeit und ein tragfähiges soziales Netzwerk. Leider sind diese glänzenden Voraussetzungen keine Garantie für ein gelungenes Leben. Auch der/die Schönste und Intelligenteste muss irgendwann feststellen, dass das Leben Herausforderungen, Leid und Unglück mit sich bringt. Aber warum ist das so? Warum ist das Leben so schwierig? Oder genauer: Warum erscheint es uns so schwierig?

Ein Hauptgrund ist unsere mentale Übersteuerung. Derselbe *Logos,* der uns über Jahrtausende großartige philosophische Erkenntnisse und bahnbrechende naturwissenschaftliche Entdeckungen ermöglicht hat, behindert uns im Alltag, schön zu leben. Eine Gesellschaft, die Vernunft mit Zweckrationalismus gleichsetzt und Lebenssinn mit Gewinnmaximierung, tut sich schwer mit dem Glücklichsein. Wir sind so sehr daran gewöhnt, uns mit zusammengebissenen Zähnen, geballten Fäusten und

179

Schnappatmung durch den Tag zu kämpfen, dass wir gar nicht mehr auf die Idee kommen, es könne auch anders gehen. Unser Hirn ist darauf konditioniert, Probleme zu lösen und Ziele zu erreichen. Unaufhörlich ist es mit Analysieren, Berechnen und Bewerten beschäftigt. Aber je hirngesteuerter wir agieren, je mehr wir unser Handeln an ausgeklügelten Zielvorgaben ausrichten, desto emotionaler *re*agieren wir. Denn nichts bleibt, wie es ist. Wenn wir etwas erreichen wollen, erfasst uns Sehnsucht. Wenn wir etwas erreicht haben, Enthusiasmus. Wenn wir noch mehr erreicht haben, die nagende Furcht, das Erreichte wieder zu verlieren. Wenn wir ein Ziel verfehlen, Katerstimmung.

Kurz: *Was uns das Leben so schwer macht, sind wir selbst.* Oder genauer: unsere Vorstellung, die Dinge müssten genau so und nicht anders sein (nämlich so, wie wir sie gemäß unseren Zielen definiert haben). Je intensiver wir an diesem Dogma festhalten, desto unfähiger werden wir, mit der Realität zurechtzukommen. Die Realität richtet sich eben nicht automatisch nach unseren Zielvorgaben und hat oft anderes im Sinn, als uns glücklich zu machen. So weit die schlechte Nachricht. Die gute Nachricht ist: Wir können trotzdem ein schönes Leben haben – solange wir einsehen, dass das von Analysen, Berechnungen und Bewertungen unverstellte, natürlich dahinplätschernde Leben selbst das Ziel ist.

Der Sinn der Urteilsenthaltung

Das berühmteste philosophische Heilmittel gegen mentale Übersteuerung ist die Skepsis (von griechisch *sképsis* für »Betrachtung, Überlegung, Untersuchung«): die Kunst des Zweifelns und Infragestellens. Für uns ist Zweifeln eine Eigenschaft von Grüblern und Schwarzsehern – dem griechischen

Philosophen Pyrrhon von Elis (ca. 360–270 v. Chr.) diente es dazu, schön zu leben. Mit der Skepsis prägte Pyrrhon eine revolutionär neue Sicht der Dinge, die in die westliche Kulturgeschichte einging und auch philosophische Ausnahmegestalten wie Montaigne (s. Kap. 8) nachhaltig beeindruckte.

Die pyrrhonische Skepsis dreht sich um die provokante These, dass man nichts, was einem im Leben begegnet, wirklich ernst nehmen muss – weil nichts wirklich sicher, real und wahrhaftig ist. Da Pyrrhon alles gleichermaßen als vorläufig und fragwürdig ansieht, hält er es für gänzlich überflüssig, seine Gedanken aufzuschreiben, geschweige denn, eine Schule zu gründen. Er ist der Auffassung, er wisse, dass er nichts wisse – aber nicht einmal das wisse er sicher. Inspirationen zu dieser radikalen Weltanschauung findet Pyrrhon fern seiner Heimat in der Begegnung mit indischen »nackten Weisen«, den von den Griechen so genannten Gymnosophisten, als er den Zug Alexanders des Großen nach Asien begleitet. Das, was er von den orientalischen Lehren aufschnappt, verwandelt Pyrrhon in eine augenzwinkernde Philosophie, die (fast) ohne Inhalte auskommt.

Pyrrhon pfeift auf sogenannte Werte und eine wie auch immer geartete Wahrheit über das Leben. Seiner Meinung nach ist es völlig egal, ob wir den Stoikern folgen oder den Epikureern (s. Kap. 7), genauso, wie es gleichgültig wäre, ob wir CDU wählten oder die Piraten, ob wir im Yoga nach Antworten suchten oder im Investmentbanking, in der Philosophie oder in der Hirnforschung. Denn all unsere Begriffe, Meinungen und Urteile sind austauschbar. Wir hängen nur deshalb so an den Christdemokraten, am Zeitsparen, an der Faltenunterspritzung oder an was auch immer, weil wir *gewöhnt* sind, daran zu hängen. Nur deshalb schreiben wir diesen Dingen einen Wert zu, nur deshalb meinen wir, sie trügen zu einem glücklichen Leben bei. Tatsächlich aber, meint der Skeptiker, sind all unsere Werturteile nichts anderes als Behauptungen. Und gegen jede

Behauptung lässt sich Widerspruch einlegen. Jedem »Gefällt mir!« entspricht ein »Gefällt mir nicht!« Nichts *ist* schön oder hässlich, schmerzhaft oder angenehm, gut oder böse, wahr oder unwahr. Es *scheint* nur immer so oder so. Sogar Honig scheint nur süß zu schmecken. Wie er wirklich schmeckt, was er wirklich ist – jenseits unserer subjektiven, gewohnheitsmäßigen Wahrnehmung – steht in den Sternen. Wenn uns aber die Beschaffenheit der Welt, wie sie wirklich ist, völlig unbekannt ist (da wir ja alles durch die menschliche Brille sehen), ist es sinnlos, sich an die »Wahrheit« einer bestimmten Überzeugung oder Konvention zu klammern. Man kann nach Belieben den Standpunkt wechseln, einfach so aus Spaß, bis einem schwindelig wird. Denn alles, was »falsch« ist, kann aus einer anderen Perspektive »richtig« erscheinen, alles, was »richtig« ist, »falsch«. Alles ist möglich, denn nichts ist mehr dieses als jenes. Angesichts dessen plädiert Pyrrhon für die Urteilsenthaltung, die *epoché*. Anstatt zu versuchen, uns auf die ständig wechselnden Bewertungen der Realität einen Reim zu machen oder Behauptungen, die mit unseren Dogmen nicht übereinstimmen, mit Gegenbehauptungen zu bekämpfen, sollen wir lieber ganz aufhören zu denken. Egal, was uns widerfährt, *»Epoché!«* ist laut Pyrrhon die einzig vernünftige Reaktion. Werden wir die Zielvorgaben erreichen? *Epoché!* Wer hat recht, wer unrecht? *Epoché!* Was ist Glück? *Epoché!* Geld oder Yoga? *Epoché!*

Nur die gewissenhaft praktizierte Urteilsenthaltung befreit von dem Zwang, alles verstehen und kontrollieren zu müssen. Für Pyrrhon und alle Skeptiker nach ihm ist sie deshalb der Schlüssel zum schönen Leben: einem Leben, das dem Lauf der Natur folgt; in dem es keine Fremdbestimmtheit, keinen Erwartungsdruck, keinen Stress und keine maßlos aufwühlenden Emotionen gibt – nur heitere Gelassenheit.

So weit die Theorie. Aber wie soll man sich die Praxis skeptischer Lebenskunst vorstellen? In dem Werk *Leben und Mei-*

nungen berühmter Philosophen des spätantiken Philosophie-historikers Diogenes Laertios (ca. 3. Jh. n. Chr.) heißt es:

»Er lebte ganz fromm mit seiner Schwester zusammen, einer Hebamme. Man erzählt sich, dass es dem berühmten Pyrrhon nichts ausmachte, Vögel oder Wildschweine selbst zum Markt zu tragen und zu verkaufen, genauso, wie er auch mit vollkommener Gleichgültigkeit regelmäßig die Hausarbeiten erledigte und sogar hin und wieder ein Schwein wusch ... Er verlor nie die Fassung. Wenn jemand ihn mitten im Satz unterbrach, vollendete er ihn ruhig. ... Sein Leben stimmte mit seiner Doktrin überein. Er ließ den Dingen freien Lauf und verzichtete auf jegliche Vorsichtsmaßnahme. Gegen drohende Gefahren war er gleichgültig. Zu schnell fahrende Wägen, Straßengräben, wilde Hunde, nichts, was er sah, konnte ihn erschrecken. Es waren seine Freunde, die ihm überallhin folgten, die ihn vor den Gefahren bewahrten.«

Zusammengefasst ergibt dies das Bild eines Menschen, der, je nachdem, wohin ihn sein Gleichmut trägt, mal zum frauenfreundlichen Hausmann, mal zum Selbstmördertum hin tendiert. Pyrrhons Gleichgültigkeit hat aber nichts mit gefühllosem Zynismus zu tun – sie ist schlicht eine (manchmal nicht ganz ungefährliche) Therapie gegen gewohnheitsmäßige Vorurteile und Erwartungen, die die Seelenruhe stören. Skeptisch leben heißt, die Dinge so sein zu lassen, wie sie uns begegnen. Was unschätzbare Vorteile hat – nicht nur, was die eigene Stressresistenz betrifft. Wer Urteilsenthaltung praktiziert, ist immer auch ein wertvolles Mitglied der Gesellschaft. Denn er kann ja mit allem in Einklang leben, mit den revolutionärsten Überzeugungen und den stumpfesten Konventionen. Wer sich seines Urteils enthält, ist stets friedfertig. Denn ihm fällt ja gar nicht erst ein, andere zu provozieren oder sich von ihnen provozieren zu lassen. Da für ihn alles sowieso nur Schein ist, fasst er eine Beleidigung nicht als Beleidigung auf, sondern als eine Reihe von Tönen, die sich in der Atmosphäre verlieren.

Und eine verächtliche Miene? *Epoché!* Ein Muskelspiel, eine bloße Erscheinung, die wie alle anderen auch äußerst wankelmütig und zerbrechlich ist und von einem Moment zum nächsten wieder verschwinden kann.

Das leuchtet ein – theoretisch. Wie schwierig die praktische Umsetzung des Skeptizismus ist, sieht man daran, dass sogar sein Erfinder nicht immer ganz so gleichmütig war, wie er es sein wollte. Diogenes Laertios:

»Einmal, als seiner Schwester eine Ungerechtigkeit widerfuhr, verlor Pyrrhon seinen Gleichmut. Ein anderes Mal geriet er in Aufregung, als ein Hund ihn anfiel. Als man ihn deshalb tadelte, erwiderte er, dass es eben schwierig sei, das Menschsein ganz abzulegen.«

Wenn die skeptische Lebenskunst überhaupt ein Ziel hat, dann dieses: die Last des Menschseins – das heißt den mit Bewertungen vollgepackten Geist – loswerden, um sich dem Lauf der Dinge nicht permanent entgegenstemmen zu müssen, sondern mit ihm mitfließen zu können. Eine zutiefst spirituelle, »un-westlich« anmutende Einstellung. Kein Wunder, dass Pyrrhons (Nicht-)Lehre gern mit asiatischen Weisheitslehren verglichen wird. Dabei ähnelt die philosophische Skepsis weniger den Vorläufern des Zen-Buddhismus, die Pyrrhon in Asien so beeindruckten, als einer ihm völlig unbekannten Tradition: dem chinesischen Daoismus (auch Taoismus).

Das Dao, »Wu wei« und die Schönheit der Leere

Die westliche akademische Philosophie dreht sich ums Begreifen und Erklären. Stets geht es darum, durch logisches Argumentieren einer bestimmten Wahrheit habhaft zu werden. Bei den altchinesischen Weisheitslehren stand dagegen (wie bei der griechischen Lebenskunst) das pragmatische Meistern des Daseins im Vordergrund. Der Weise galt als »Meister« wie

Angehörige anderer ehrbarer Berufsgruppen auch: Künstler, Geschichtenerzähler, Astronomen, Köche.

In den Werken klassischer chinesischer Denker findet sich eine Vielzahl wiederkehrender Motive, die ohne Kenntnis von Geschichte und Tradition nicht leicht verständlich sind. Das bekannteste Motiv ist das Prinzip der Polarität, in der die gesamte chinesische Weltanschauung wurzelt. Es handelt sich um eine uralte Vorstellung, wonach die Welt aus zwei Sphären besteht, einem weiblichen *Yin* und einem männlichen *Yang,* einem Dunklen und Hellen, Passiven und Aktiven, Feuchten und Trockenen, die sich in ständigem Wechsel zu einer untrennbaren Einheit zusammenfügen. Tag und Nacht, Ebbe und Flut, Glück und Unglück, Gut und Böse, Mensch und Natur, Leben und Tod: Alles ist mit allem verbunden, weil alles kommt und geht und sich wandelt, ohne Anfang, ohne Ende.

Die natürliche Lebenskraft, die die Welt durchpulst und jede ihrer Bewegungen verursacht, ist das allumfassende, grenzenlose *Dao* (zusammengesetzt aus den Schriftzeichen »Kopf« und »Weg«), von westlichen Übersetzern wechselweise als Weg, Sinn, Vorsehung, Gott oder Logos bezeichnet – obwohl es aus chinesischer Sicht weder denkbar noch definierbar ist. Das Dao ist so etwas wie die Intelligenz der Natur, die man nur intuitiv fassen kann. Genaugenommen *ist* es nicht einmal, es *fließt.* Wie der Lauf des Wassers, das aus einer einzigen Quelle entspringt und die unterschiedlichsten Formen annehmen kann. Auch der Mensch ist Teil des Dao, ob er sich das bewusst macht oder nicht. Sein Leben ist wie alles vergänglich, und wie alles geht es in den ewigen Wandel ein. Die menschliche Existenz ist also endlich – und doch unsterblich. Sie unterscheidet sich nicht wesentlich von einer Blume, die wächst, knospt, erblüht, welkt und irgendwo wieder in neuer Gestalt aus dem Boden schießt. *Jedes Ende ist ein Anfang.* Wer dieser Erkenntnis folgt, lebt ganz automatisch schön, gut *(shan)* und glücklich, ohne Furcht vor der Zukunft, ohne Angst vor dem Tod.

Das Dao: wie der Lauf des Wassers

Der Daoismus entstand etwa zur gleichen Zeit wie die philosophische Skepsis. Er ist weder Religion noch Philosophie. Er steht ganz einfach für das So-sein-lassen des unendlichen Wandels. Das früheste daoistische Werk, *Das wahre Buch vom südlichen Blütenland* des Meisters Zhuangzi (auch Dschuang Dsi, ca. 370–300 v. Chr.), ist kein trockener Traktat, sondern ein ständiger Wechsel von Geschichten, Dialogen und Bildern. Wie für Pyrrhon gibt es auch für Zhuangzi keine »Wahrheit«, sondern nur bestimmte Konventionen, Gewohnheiten oder Ideen, die wir als »wahr« akzeptieren. Auch die Sprache ist nur eine Konvention, die die Unermesslichkeit der Realität niemals fassen kann. Die Sprache ist viel zu starr und einseitig, um an die vielschichtige Wirklichkeit heranreichen zu können. Was man daran sieht, dass sich alles, was wir als hässlich, schlecht, unbrauchbar bezeichnen, von einer anderen Warte aus als das genaue Gegenteil erweist: schön, gut, nützlich. Wie der knorrige Baum aus einer von Zhuangzis Anekdoten:

»(Meister Ki) … bemerkte, dass seine Zweige krumm und knorrig waren, sodass sich keine Balken daraus machen ließen. Er … bemerkte, dass seine großen Wurzeln nach allen Seiten auseinandergingen, sodass sich keine Särge daraus machen ließen. Leckte man an einem seiner Blätter, so bekam man einen scharfen, beißenden Geschmack in den Mund; roch man daran, so wurde man von dem starken Geruch drei Tage lang wie betäubt.

Meister Ki sprach: ›Das ist wirklich ein Baum, aus dem sich nichts machen lässt. Dadurch hat er seine Größe erreicht.‹«

Wie Pyrrhon will Zhuangzi zeigen, dass nichts nur eine einzige, positive oder negative Seite hat. Aber anders als Pyrrhon geht er nicht davon aus, dass alles bloß Schein ist. Er unterscheidet erst gar nicht zwischen Sein und Schein, da nach der *Yin-Yang*-Logik ja immer beides zusammengehört: Schein-und-Sein, Gut-und-Schlecht, Schön-und-Hässlich. Wie sollte man auch zwei Dinge voneinander trennen können, wenn doch eins ständig ins andere übergeht – wie der Traum in die Wirklichkeit? Zhuangzi macht es Spaß, seine Leser zu verwirren. Wir sollen selbst entscheiden, wie wirklich die Wirklichkeit ist:

»Einst träumte Zhuangzi, dass er ein Schmetterling sei … Nun weiß ich nicht, ob Zhuangzi geträumt hat, dass er ein Schmetterling sei, oder ob der Schmetterling geträumt hat, dass er Zhuangzi sei, obwohl doch zwischen Zhuangzi und dem Schmetterling sicher ein Unterschied ist. So ist es mit der Wandlung der Dinge.«

Letztlich ist jeder Versuch, die sogenannte Realität logisch zu fassen, von vornherein zum Scheitern verurteilt. Denn wer garantiert uns denn, dass nicht auch unsere Logik Teil eines Traums ist? Wenn wir träumen können, dass wir aufwachen, wie können wir dann *wissen,* dass wir wirklich aufgewacht sind? Wer weiß, ob wir überhaupt jemals aufgewacht sind – oder ob wir nicht alle schlafende Schmetterlinge sind …

Wie Pyrrhon hält es Zhuangzi für sinnlos, sich verstandes-mäßig an irgendetwas festzubeißen – einer Wirklichkeit, einer Regel, einer Norm, einem Ziel –, dessen Beschaffenheit flatter-haft ist. Was Pyrrhon Urteilsenthaltung nennt, ist für Zhuangzi und alle Daoisten die *Leere (xu):* Es gilt, das Räsonieren hinter sich zu lassen und den Geist von aller Sprache, allem Geplap-per zu entleeren. Wozu? Um zur unverstellten Natur zurückzu-kehren, an den Ursprung des Dao, wo alles noch offen ist – ein leeres Feld voller Möglichkeiten, wo nichts *ist,* sondern immer erst *wird* (wie in der chinesischen Malerei die unbemalte Lein-wand, in die man je nach Stimmung Nebel, Schnee oder Was-ser hineinsehen kann). In sich Leere schaffen heißt, sich mit dem Dao eins zu fühlen, nicht krampfhaft nach dem Weg zu suchen, sondern ihn spontan beim Gehen zu finden. Aber das gelingt nur, wenn man sich von der Fixierung auf bestimmte Ziele löst. Im *Wahren Buch vom südlichen Blütenland* heißt es:

»Der Säugling sieht den ganzen Tag lang die Dinge an, ohne zu blinzeln und zu starren, weil seine Augen auf keinen be-stimmten Gegenstand gerichtet sind. Er geht, und hält inne, ohne zu wissen, was er tut. Er geht in seiner Umgebung auf und gibt sich ihr anheim. Das sind die Prinzipien geistiger Hygiene.«

Kleinkinder und Betrunkene sind Zhuangzis Lieblingsbei-spiele für die daoistische Lebenseinstellung: Sie repräsentieren den »leeren« Geist, der sich von nichts beherrschen lässt, son-dern sich ohne Gefahrenbewusstsein, ohne Nützlichkeitsden-ken spontan, fröhlich und flexibel auf die Abenteuer des Le-bens einlässt – wie Pyrrhon, der vor lauter Gleichmut ab und an im Straßengraben landete.

Das Ideal des Kindlich-Schlichten prägt auch das berühm-teste Werk des klassischen Daoismus, das *Daodejing (Taote-king).* »Das Buch vom Weg und der Tugend« ist Weisheits-lehre, Naturphilosophie und Regierungsratgeber in einem. Seine 81 Kapitel enthalten knapp 200 ebenso einfache wie rätselhafte Merksprüche zum Singen und Auswendiglernen. Der mutmaßliche Autor Laozi (auch Lao-tse, Laotse) (6. oder 3./4. Jhd. v. Chr.) versucht in immer neuen Variationen etwas zu beschreiben, worüber sich eigentlich nichts sagen lässt: das Dao – und die daoistische Lebenseinstellung: »Das Dao tut nichts, und doch bleibt nichts ungetan.«

Dieses Nichtstun – genauer: Nicht-Handeln – ist von Passivität und Trägheit weit entfernt. *Wu wei,* »Nicht tun«, heißt ganz einfach, die Dinge so zu lassen, wie sie sind, nichts mit Gewalt zu erzwingen und nicht den Lauf der Natur zu stören. Wu wei bezieht sich auf das Dao genauso wie auf den Menschen, der seinem Rhythmus folgt. Nach dem *Daodejing* ist Wu wei weder eine Fähigkeit noch ein Know-how, das mittels bestimmter Strategien erlernt werden könnte. In diesem Punkt unterscheidet sich die daoistische von der skeptizistischen Gelassenheit. Sich, wie Pyrrhon es tat, systematisch darauf zu konditionieren, »das Menschsein abzulegen«, um die totale, götterähnliche Seelenruhe zu erlangen, hätte Laozi lächerlich gefunden. Aus seiner und Zhuangzis Sicht ist es unmöglich, sich ums Wu wei zu bemühen. Wer es dennoch versucht, hat nicht verstanden, worum es geht. Wu wei dient überhaupt keinem Zweck außer dem, der sich spontan aus ihm ergibt. Der Daoist, der »nicht tut«, tut nur so lange etwas, wie er es angenehm empfindet. Wenn die Stimme der Natur ihm sagt, dass es genug sei, tut er etwas anderes. Er steht auf, trinkt eine Tasse Tee, meditiert, geht schlafen, tanzen oder schwimmen. Er stemmt sich der Funktionsweise seines Organismus nicht entgegen, sondern passt sich ihr möglichst geschmeidig, möglichst anstrengungslos an. Er neigt sich nach der Natur wie das Segel nach dem Wind. Wie die Weide die Last des Schnees abfedert, federt er alles ab, was zu schwer ist, um getragen zu werden. Heiter und klaglos akzeptiert er auch die hässlichen Seiten des Lebens: Schmerz, Krankheit und Tod. Denn er weiß: Alles, was natürlicherweise geschieht, ist schön und gut – weil alles Teil des kosmischen Wandels ist.

Für Laozi hat Wu wei aber auch eine politische Bedeutung. Was für die Natur gilt, lässt sich seiner Meinung nach auf Staat und Gesellschaft übertragen: Nicht-Eingreifen ist die höchste Tugend. Je mehr Aktionismus, desto größer das Chaos. Je mehr Einschränkungen, desto mehr Rebellion, desto mehr Unglück. Für Laozi kann nur Wu wei Möglichkeiten schaffen, um den Teufelskreis aus Gewalt und Unterdrückung zu stoppen. Ein Herrscher zeigt sich nur dann seiner Macht würdig, schreibt Laozi, wenn er sein Volk regiert, »wie man kleine Fische brät«: vorsichtig und ohne hektisches Hin- und Herwenden, damit sie nicht auseinanderfallen. Der daoistische Staatsmann denkt nicht daran, das Wirken seiner Untertanen durch Verbote und bürokratische Reglementierungen zu behindern. Er zieht es vor, darauf zu vertrauen, dass das Volk die Potenziale, die in ihm stecken, von selbst entfaltet: »Wer etwas tut, zerstört es;/Wer etwas festhält, verliert es.«

Das *Daodejing* ist somit als Einladung zur Gewaltlosigkeit, aber auch zur Anarchie zu verstehen:

»Je mehr Einschränkungen und Verbote es im Reich gibt, desto ärmer wird das Volk./Je mehr scharfe Geräte die Leute haben, desto mehr Verwirrung ist im Land./... Je mehr Gesetze und Vorschriften erlassen werden, desto mehr Räuber und Diebe gibt es.«

Laozi bezweifelt wie Pyrrhon, dass es auf dieser Welt irgendetwas gibt, was fraglos »gut« ist. Laut Laozi besitzt kein einziger Mensch (und erst recht kein Staatsoberhaupt) nur »schöne« Eigenschaften wie Tugendhaftigkeit, Ehrlichkeit und Selbstlosigkeit – er ist immer *schön-und-hässlich, gut-und-schlecht*. Wer sich selbst als Ausbund an Moral begreift, ohne die eigenen Schattenseiten anzuerkennen, verhält sich unter Umständen genauso gewalttätig wie ein Tyrann. Vorgebliches Wohlwollen, das im Namen von Recht und Moral ausgeübt wird, kann anderen genauso schaden wie brutale Missgunst. Wer garantiert, dass sich zum Beispiel hinter einem Gesetz, das Arme begünstigt, kein Eigennutz verbirgt? So oder so gilt für Laozi: Der Fluss des Lebens gerät ins Stocken, wenn wir versuchen, ihm einen anderen Rhythmus aufzuzwingen – durch Nomenklaturen, Vorschriften und Paragrafen. Was wir brauchen, um harmonisch nebeneinander existieren zu können, sind keine Verordnungen, sondern Vertrauen. Vertrauen darin, dass wir trotz unserer Makel fähig sind, uns und anderen ein schönes Leben zu ermöglichen.

Etwas mehr Anarchie im Umgang mit dem »Gesetz« der zeitnahen Zielerreichung und der »Regel« effektiver Planung könnte auch uns nicht schaden – ebenso wenig wie ein gesundes Quantum Zweifel: Ist es wirklich so schlimm, wenn wir nicht erreichen, was wir uns vorgenommen haben? Ist es nicht eigentlich schrecklich langweilig, immer nur von Ziel zu Ziel, von Problem zu Problem zu hetzen? Und ist es wirklich so wichtig, vorgefertigten Konventionen zu folgen? Müssen wir ständig alles messen, berechnen, in Form bringen, optimieren? Müssen wir andauernd mit Sorgenfalten herumrennen, können wir nicht mal öfter lachen? Was außer uns selbst hindert uns daran, loszulassen?

Die Meisterschaft ost-westlicher Gelassenheit können wir nur erreichen, wenn wir nichts mehr unter Kontrolle haben – weil uns erst gar nichts in den Sinn kommt, was wir kontrollieren *sollten:* weder unser Gewicht noch unseren Partner noch die morgendliche Rushhour. Das tägliche Stop-and-go wird ja nicht deshalb zum »Problem«, weil es Zeit kostet, sondern weil wir glauben, in dieser Zeit ein bestimmtes Ziel erreichen zu müssen. Wir fangen an zu schwitzen, wir fluchen, trommeln aufs Lenkrad und preschen vorwärts, nur um Sekunden später wieder abrupt zu bremsen. Wenn wir dann »endlich« (zehn Minuten später) das Büro betreten, sind wir außer Atem und durch und durch verkrampft.

Mit Pyrrhon und den Daoisten auf dem Rücksitz ginge alles viel leichter. Anstatt die Situation mit »katastrophal« zu bewerten, würden wir nur »*Epoche!*« rufen. Anstatt den anderen Verkehrsteilnehmern den Mittelfinger zu zeigen, würden wir das Auto elegant in frei werdende Lücken manövrieren und vor den ganz Eiligen sanft zurückweichen. Wir würden vielleicht hier und da ein Verkehrsschild übersehen, dafür aber voller Vorfreude auf die Überraschungen, die in dem neuen, kaum angebrochenen Tag stecken, unser Lieblingslied anstimmen. Und wir wären dankbar, ein paar freie Minuten hinzugewonnen zu haben.

Die Kunst des Loslassens ist mit verbissener Zielorientiertheit unvereinbar. Sie erfordert Mut, das hochprofessionelle, mental übersteuerte Erwachsensein abzustreifen. Ein Vierzigjähriger kann kein Vierjähriger mehr sein. Kindliche Unvoreingenommenheit und Genussfreudigkeit aber können wir in jedem Alter aus uns hervorzaubern. Ganz klar: Wenn wir es wagen, in dieser durchstrukturierten, durchgetakteten Welt Kind zu sein, kann uns das teuer zu stehen kommen. Vielleicht müssen wir aufgrund allzu großer Gelassenheit auf die nächste Gehaltserhöhung verzichten, vielleicht kostet uns unser Gleichmut sogar den Traumjob. Aber ist der Preis dafür nicht gering im Vergleich zu dem, was wir im Gegenzug erhalten: Lebendigkeit?

Nur ein »leerer«, von Bewertungen freier Geist kann uns das zurückgeben, was wir uns mit unserem Berechenbarkeitswahn abtrainiert haben: *Vertrauen*. Die Fähigkeit, die Dinge ohne Einschränkung schön und gut sein zu lassen.

Über die Logik
des schönen Lebens –
Gebrauchsanweisung III

»Schön« nennen wir ein gut gebautes junges Mädchen, ein blank poliertes Auto, einen lauen Sommerabend oder einen gelungenen Urlaub. »Schön« ist ein ziemlich merkwürdiges Wort. Wenn wir versuchen, es mit Zahlen (»90 – 60 – 90«!) zu belegen, wird es abstrakt. Wenn wir es mit »positiv« oder »erfreulich« gleichsetzen, verkommt es zur Floskel: »Schön, dass wir uns treffen, Wendriner. Wirklich schön praktisch hier. Und das schöne Wetter, und die schöne Aussicht, und dieser schöne Landwein!«, wie Kurt Tucholsky einmal so »schön« schrieb.

Was auf einzelne Gegenstände zutrifft, gilt auch für das Lebensganze: Schönheit geht anders als die Außentemperatur oder die Eckzähne von Zwergschimpansen über das objektiv Messbare hinaus. Wie wäre es sonst zu erklären, dass ein derart komplexes Gebilde wie das Leben, das so viele verschiedene Aspekte umfasst – von A wie Auftrieb zu V wie Verzweiflung, von E wie Erfolg zu P wie Pleite –, mit Recht als »schön« bezeichnet werden kann?

Aus philosophischer Sicht ist ein schönes Leben eine im Großen und Ganzen glückliche, gelungene, sinnvolle Existenz, die nur bedingt von äußeren Faktoren wie körperliche Schönheit, Gesundheit oder Reichtum abhängt. Was unser Leben

»schön« macht, ist viel mehr als das Ansehnliche, Wohltuende, Prickelnde. Glück ist keine Frage der Umstände, sondern der geistigen Einstellung. So erklärt sich, warum Leute, die ein Nierenleiden plagt, mitunter glücklicher sind als Leute, die auf Ibiza leben. Sonne und Palmen sind nicht *per se* erfreulich, genauso, wie eine Dialyse nicht *per se* entsetzlich ist. Eine Blutreinigung kann ganz erträglich sein, erträglicher sogar als ein Tag am Meer – je nachdem, was sich in unseren Gehirnwindungen tut. Je nachdem, in welche Richtung wir unsere Gedanken lenken, ob wir unlösbare Probleme wälzen oder eben nicht. Es ist stets der *Logos,* der über unser Wohl und Wehe entscheidet.

Wirklich? Immerhin haben renommierte Psychologen wie Daniel Kahnemann (*1934) oder Dan Ariely (*1968) gezeigt, dass unser Gehirn nur teilweise zu rationalen Entscheidungen fähig ist. Sie gehen davon aus, dass wir zwei Denksysteme besitzen: ein bewusstes, reflektierendes, logisches und ein intuitives, emotionales, unbewusstes. Die erste Form des Denkens ist langsam und anstrengend, die zweite schnell und unaufwendig. Im Unterschied zum ersten Denkmodus läuft der zweite automatisch ab. Das heißt für Kahnemann, Ariely und Co.: Wenn wir meinen, eine bewusste, rationale Wahl getroffen zu haben, gehorchen wir in Wahrheit oft bloß unseren Impulsen, Intuitionen und vorgefertigten Meinungen. Anstatt uns im echten Sinne »geistig« zu betätigen, folgen wir irgendwelchen unbewussten Vorstellungen über die Wirklichkeit. Wir sind also viel weniger vernünftig, als wir glauben. Wir sehen das, was wir sehen wollen. Wir versuchen, die Welt so zu interpretieren, dass sie unseren Erwartungen entspricht.

Ist dies nicht möglich, versuchen wir, das, was uns stört, zu korrigieren. Auf die unerfüllte Erwartung folgt die Korrektur und auf die Korrektur wieder die Erwartung. Was für den Alltag gilt, gilt auch für das Leben insgesamt. Selten stimmen die Erwartungen mit der Realität überein. Nie ist uns unsere Nase, unser Strandhaus, unser Blutbild gut genug. Nie sind wir so glücklich, wie wir es sein könnten. Weil wir zwischen Erwartung und Korrektur hin- und hergerissen sind. Weil wir uns zum Spielball unserer inneren Automatismen machen lassen. Weil wir – unbewusst und intuitiv – Schönheit und Glück zum Pflichtprogramm erklären. Kein Wunder, dass wir gestresst, ängstlich oder voller Selbstzweifel sind.

Lange bevor die moderne Psychologie Begriffe wie »automatische Gedanken« und »kognitive Verzerrungen« prägte, entwarfen die Epikureer, Stoiker und Skeptiker (s. Kap. 7 und 9) ihre eigene Theorie über die Funktionsweise der Vernunft. Obwohl die Lebenskunstphilosophen grenzenloses Vertrauen in die Heilkraft des *Logos* setzten, hielten sie die Ratio des Menschen für ziemlich fehlerhaft. Tatsächlich waren sie – circa zweitausend Jahre vor Sigmund Freud – die ersten westlichen Philosophen, die die Bedeutung unbewusster Beweggründe in der menschlichen Psyche erkannten. Sie betrachteten den Menschen als eine Art Schlafwandler, der weder weiß, was er tut, noch, warum er es tut. Auch der Stoiker Epiktet war dieser Meinung. Laut Epiktet enthält die menschliche Vernunft eine komplexe Mischung aus Rationalem und Irrationalem. Demgemäß verortet er Impulse, Begierden und Leidenschaften nicht unter oder neben, sondern *im* rationalen Teil der Seele. Für ihn ist die Vernunft nicht in jedem Fall hochwertig und edel. Sie ist (genau wie die ihr innewohnenden Emotionen) »gut« oder »schlecht«, je nachdem, ob sie »richtige« oder »falsche« Urteile produziert. So sehr er unser Räsonieren auch für verbesserungswürdig hält, ist Epiktet doch zuversichtlich, dass wir auf den rechten Weg zurückfinden werden – dass wir uns mit demselben Instrument, das auch für unsere krankhaften Verwirrtheitszustände verantwortlich ist, heilen können: dem *Logos*.

Diesen unerschütterlichen Glauben an die Macht der Gedanken teilt die philosophische Lebenskunst mit der *kognitiven*

Verhaltenstherapie, einer der wichtigsten Errungenschaften der modernen Psychologie: Wie die altgriechischen Philosophen gehen auch die Verhaltenstherapeuten davon aus, dass wir irrationale (unbewusste) Dogmen, die uns das Leben schwer machen, rational prüfen und ändern können, indem wir an ihre Stelle andere Überzeugungen setzen. Wenn wir unsere Überzeugungen ändern, ändern sich unsere Emotionen. Wenn sich unsere Emotionen ändern, ändert sich unser Verhalten. Wenn sich unser Verhalten ändert, ändert sich unser Leben. Alles beginnt mit Epiktet: »Nicht die Dinge beunruhigen den Menschen, sondern seine Meinungen und Urteile über die Dinge.«

Dieser Satz inspirierte den amerikanischen Psychologen Albert Ellis (1913–2007), einen der verhaltenstherapeutischen Pioniere, zum sogenannten **ABC**-Modell der Emotionen:

- **A** wie »activating event« (Ereignis): Y lächelt X zu.
- **B** wie »belief« (Überzeugung): X denkt: »Y belächelt mich wegen meiner großen Nase.«
- **C** wie »consequences« (emotionale Reaktion): X wird von der Sehnsucht nach einer Nasen-OP erfasst.

Daraus folgt: Wenn es X gelingt, **B** durch eine realistischere Überzeugung zu ersetzen – zum Beispiel: »Y ist gut gelaunt« –, kann sich X entspannen, und die Nasen-OP ist gegessen. In der Praxis kommt das **ABC**-Modell bei der Behandlung von Depressionen, Angstzuständen und Suchterkrankungen zum Einsatz. Es dient dazu, kognitive Verzerrungen aufzuspüren, zu analysieren und so zu angemesseneren Interpretationen der Wirklichkeit zu kommen – ganz im Sinne Epiktets, der die Inhalte, die Ellis mit **B** bezeichnete, mit Münzen verglich. Der Stoiker mahnte seine Schüler, ihre Gedanken auf ihre Güte zu prüfen, so wie ein Geldwechsler seine Münzen auf Gewicht, Prägung und Metallgehalt prüft.

Jeder Mensch wünscht sich ein schönes Leben. Aber nicht jeder bekommt, was er will. Letztlich ist alles eine Frage der Methodik. Unsere Methode besteht meist darin, uns nach Vorgabe eines selbst gebastelten Systems an bestimmten Gegebenheiten (dem Job, der Familie, dem Körper …) abzuarbeiten – in der unbewussten Erwartung, für unsere Anstrengungen reich entlohnt zu werden. Leider tritt statt des schönen Lebens nicht selten ein Systemfehler (eine Krankheit, eine Gehaltskürzung oder irgendeine andere Unannehmlichkeit) ein. Die Folge: Wir reagieren fassungslos, besorgt, beleidigt, mitunter auch panisch. Unsere verzerrte Sicht der Dinge lässt uns glauben, wir wären Opfer unseres Chefs, unserer Eltern oder von Gott weiß wem. Bis wir endlich herausfinden, dass nicht die Umstände, sondern unsere Erwartungen an allem schuld sind, und bis sich wieder etwas Heiterkeit in uns regt, kann es lange dauern.

Die altgriechischen Lebenskunstphilosophen kannten einen kürzeren und wesentlich unkomplizierteren Weg zum Glück: die Dressur des *Logos*. Für die Mentaltrainer der ersten Stunde waren die rationalen Fähigkeiten des Menschen das, was für uns Muskeln sind. Etwas, das man mit Geduld und Spucke ausbilden kann. Wie Epiktet und sein Vorgänger Zenon war auch Epikur davon überzeugt, *dass das schöne Leben bloß eine Sache der Logik sei.* Auch er meinte, dass das, was unsere Existenz so erschwert, letztlich nie die äußeren Umstände sind, sondern unsere ungezügelten, unreflektierten Emotionen. Da Gefühle wie Angst, Wut, Sorge oder Gier stets auf bestimmten unhinterfragten Meinungen und Wertungen basieren, also eine *kognitive Dimension* haben, lassen sie sich durch die entsprechende Hirngymnastik eliminieren.

Epikurs Trainingsplan verlangt keinen besonders hohen Intelligenzquotienten, aber eine ganze Menge Ausdauer. Was passiert genau während seiner philosophischen Behandlung? Die epikureische Radikalkur, eine Art Mischung aus Verhaltenstherapie und Psychoanalyse *avant la lettre,* umfasst zwei 197

Etappen. In der ersten Etappe heißt es reden, reden und noch mal reden. Zuerst müssen wir unsere Gedanken, Sehnsüchte, Träume und alles, was wir je getan und nicht getan haben, offenlegen. Je gewissenhafter wir unsere Schwächen, Fehler und Versäumnisse ans Licht bringen, desto besser kann der Philosoph die Ursachen unseres Leids analysieren. Desto treffender fallen seine Diagnosen aus:

- Unzufriedenheit
- Undankbarkeit
- Ungeduld
- Orientierungslosigkeit
- Freudlosigkeit
- Ruhmsucht
- Gier nach Luxus
- Wut
- Neid
- Selbstmitleid
- Anspruchsdenken

In der zweiten Etappe stehen die philosophischen Heilmittel (s. Kap. 7) auf dem Programm: Wir werden angewiesen, sie laut zu lesen und auswendig zu lernen, bis sie uns zu den Ohren herauskommen. Denn nur so kann die Medizin nicht nur an der Oberfläche, sondern auch tief in unserer Seele aktiv werden. Nur so kann sie diejenigen irrigen Meinungen heilen, die unserem Bewusstsein entzogen sind. Das Memorieren ist zentral: Wenn wir immer erst nachschauen müssen, welche Freuden nach Epikur »natürlich und notwendig« sind (Essen und Trinken!) und welche »weder natürlich noch notwendig« (unser neues Kleid!), verlieren wir die Motivation und werden die schädlichen Leidenschaften (in diesem Fall: die Gier nach Mehr) nie richtig los. Die Zwiesprache mit dem *Logos* kann nur funktionieren, wenn wir unseren Text beherrschen – und wenn sich der Text aufs Wesentliche beschränkt. Je prägnanter das philosophische Heilmittel, desto effektiver. Was sich nicht in einfache Worte fassen lässt, ist therapeutisch wirkungslos.

Die Trainings, die Epikur und seine Kollegen der anderen Lebenskunstschulen anbieten, sind nichts für Schwächlinge und Halbentschlossene. Die Askese (s. Kap. 7) gibt es nicht als Zehnerkarte – sie ist eine lebenslange Selbstverpflichtung. *Wer sein Leben ändern will, muss üben.* Und das heißt vor allem: üben, seine Gewohnheiten zu ändern. »Wenn ihr (einer schlechten Angewohnheit) dreißig Tage lang entsagt habt, könnt ihr euch bei den Göttern bedanken, denn eine Gewohnheit wird erst einmal schwächer, bevor sie dann ganz verschwindet«, heißt es in Epiktets *Diatriben.*

Schlechte Gewohnheiten, das sind für uns Verhaltensweisen wie rauchen, trinken, faul herumliegen, zu fett essen, zu spät essen, zu viel fernsehen und zu wenig schlafen. Aber was ist mit lügen, grübeln, anprangern, idealisieren, schönfärben, schwarzsehen? Dass auch unser Denken auf schlechten Gewohnheiten basieren könnte – dass sogar Denken selbst eine schlechte Angewohnheit sein könnte! –, kommt uns nicht so leicht in den Sinn.

Tatsächlich ist das Glück bzw. Unglück unseres Lebens vielfach auf gewohnheitsmäßige Mechanismen zurückzuführen und nicht (nur) aufs Schicksal. Das war auch Michel de Montaigne (s. Kap. 8) klar. In seinen *Essais* schreibt er:

»In der Tat ist die Gewohnheit eine herrschsüchtige, dabei schleicherische Schulmeisterin. Ganz verstohlen, auf leisen Sohlen dehnt sie Stück für Stück ihren Machtbereich in uns aus. Aber hat sie nach diesen sanften und bescheidenen Anfängen mit Hilfe der Zeit erst einmal in uns Fuß gefasst und sich sesshaft gemacht, lässt sie alsbald die Maske fallen und zeigt uns ihr grimmiges und tyrannisches Gesicht, gegen das auch nur den Blick zu heben wir nicht mehr die Freiheit haben. So sehen wir sie nun auf Schritt und Tritt die Regeln der Natur vergewaltigen: *Die Gewohnheit ist die mächtigste Herrin über alle Dinge.*«

Aus philosophischer wie aus psychologischer Sicht sind (unbewusste) Denkgewohnheiten die tückischsten Gewohnheiten überhaupt. Sie geben uns ein Gefühl der Sicherheit, lassen uns glauben, das Unbekannte zu kennen, das Unverständliche zu verstehen – und genau darin liegt die Gefahr. Durch unsere Angewohnheit, für jede Situation eine vorgefasste Meinung parat zu haben, alles und jedes in eine Schublade einzuteilen (»zu dick!«, »zu dumm!«, »zu spät!«, »zu früh!«), verlieren wir unsere Unvoreingenommenheit. Wir drängen den Dingen unsere Interpretation auf, anstatt sie so sein zu lassen, wie sie sind.

Montaignes größtes Vorbild, der Skeptiker Pyrrhon (s. Kap. 9), kritisierte nicht nur unsere Denkgewohnheiten, sondern auch unsere Angewohnheit zu denken und zu urteilen überhaupt. Seiner Meinung nach sind Urteile, ob rational oder irrational, in jedem Fall schädlich. Denn sie legen uns auf eine bestimmte Position fest, die die vielschichtige, paradoxe Realität (oder vielmehr das, was *uns* real erscheint) nicht einmal ansatzweise fassen kann – die notwendig mit dieser (vermeintlichen) Realität auf Kriegsfuß steht. Was Ohnmachtsgefühle, Wut, Stress und Streit zur Folge hat. Wenn wir unsere schlechten Gewohnheiten loswerden wollen, müssen wir (nach Pyrrhons Logik) ganz auf den *Logos* verzichten. Pyrrhon hält nichts von der rationalen Neubewertung irriger Meinungen, auf die Epiktet, Epikur und die moderne Verhaltenstherapie so großen Wert legen. Stattdessen mahnt er zur dauerhaften Urteilsenthaltung. Nur wenn wir uns das Denken, Werten, Kategorisieren für immer abgewöhnen, so Pyrrhons radikale These, können wir »schön« leben: Nur dann haben wir die Kraft und die Muße, uns ganz dem Glücklichsein zu widmen. Ob das stimmt, können wir natürlich nicht durch Denken, sondern nur durch Ausprobieren herausfinden.

Ob *Epoché* oder »Geldwechseln« – die Lebenskunst-Trainings inspirieren heute wie vor zweitausend Jahren, mit der richtigen geistigen Einstellung zu leben. Die Anleitungen und Rezepte der Philosophen von Pyrrhon bis Montaigne bescheren uns

Autarkeia = *Selbstgenügsamkeit.* Die Fähigkeit, »aufrecht (zu) stehen, ohne aufrecht gehalten zu werden« (Marc Aurel); auch die Kunst, sich auf das Wesentliche zu konzentrieren – nämlich das, was in der eigenen Macht liegt: ein (moralisch) gutes, vernünftiges, von materiellen Dingen möglichst unabhängiges Leben im Einklang mit sich selbst und der Natur zu führen (vgl. Diogenes in der Tonne). Für Epikur der größte Reichtum überhaupt.

Apatheia = *Freiheit von nervenaufreibenden Gefühlen wie Furcht, Gier, Lust und Unlust.* (Nicht zu verwechseln mit Apathie!) Bei Pyrrhon ein Hauptmerkmal des Weisen, dem es gelungen ist, »das Menschsein abzulegen«, also sich im Hinblick auf die Wankelmütigkeit aller Erscheinungen eine totale Unempfindlichkeit anzutrainieren. In der stoischen Lebenskunst eine wohltuende Mittellage der Affekte, die sich einstellt, wenn der Geist von irrigen Meinungen geheilt ist, und die mit Emotionen wie Freude *(chara)* und Achtsamkeit *(eulabeia)* einhergeht.

Afasia = *Felsenfester Entschluss, sich weder auf ein Ja noch auf ein Nein festzulegen.* Eng mit der skeptischen Urteilsenthaltung *(epoché)* verbunden. Die Haltung des Nichts-Sagens, durch die man verhindert, sich über etwas auszulassen, das man sowieso nicht versteht: die Welt, andere Leute oder sich selbst.

Aponia = *Freiheit von körperlichen und seelischen Schmerzen, Unlustfreiheit.* Für Epikur identisch mit natürlichen Freuden wie Sattsein, Ausgeschlafensein oder Migränefreisein, die den rationalen Seelenteil ansprechen, weil sie nicht nach Mehr verlangen.

Ataraxia = *heitere Gelassenheit, Seelenruhe.* Für Epikur gleichbedeutend mit *aponia,* für die Stoiker mit *apatheia.* Für die Skeptiker das mehr oder weniger zufällige Ergebnis, das aus der Urteilsenthaltung bzw. der Weigerung, bestimmte (dogmatische) Ziele zu verfolgen, resultiert.

Diese fünf A sind nicht nur die Basis für ein gutes, freundschaftliches Verhältnis zu uns selbst, sondern für gelingende Beziehungen überhaupt. Denn wie können wir ohne *autarkeia* einen zuverlässigen Ehepartner abgeben? Wie ohne *aponia* ein Vorbild für unsere Kinder sein? Wie sollen wir ohne *ataraxia* unsere Mitarbeiter führen? Wie ohne *afasia* eine Runde Streithähne beschwichtigen? Und wie ohne *apatheia* einen Freund trösten?

Die fünf A fördern eine der wertvollsten Eigenschaften überhaupt in uns zutage: *Geduld.* Geduld und Vertrauen darauf, dass das Glück mit stetem Lebenstraining irgendwann von selbst kommt – so wie ja auch das Alter von selbst kommt. Dass wir nach den langen Jahren der Aufgeregtheit, in denen wir versuchten, der Welt auf Biegen und Brechen unsere Absichten aufzuzwingen, eine Zeit erleben werden, in der wir fähig sind, die Dinge geschehen zu lassen … und wie Montaigne (im allerletzten seiner *Essais*) nachsichtig zu bemerken: »Gerade ist mir ein Zahn ausgefallen, ohne Nachhilfe, ohne Schmerz: Das natürliche Ende seiner Zeit war erreicht.« Wann die Gelassenheit einsetzt, steht in den Sternen. Sie kann in dreißig Jahren auftreten oder genau jetzt, in diesem Moment. Eins ist jedenfalls klar: Wenn sie kommt, wird es schwer sein, sie zu halten.

Denn solange wir leben, gibt es weder ein *Happy End* noch ein *Unhappy End*. Es geht ja immer weiter. Glück und Unglück lösen einander ab. Wie Weinen und Lachen. Wie Regen und Sonnenschein. Das eine folgt aufs andere. Alles geht vorbei, und nichts ist für immer. Na und? Kein Ende ist wirklich ein Ende – jedes Ende hat einen Anfang im Schlepptau. Je geduldiger und gelassener wir den Neubeginn erwarten, desto schöner unser Leben. So wie in folgender daoistischer Geschichte:

Einem Bauern läuft sein einziges Pferd davon. Am Abend versammeln sich die Nachbarn und bemitleiden ihn: »Das ist ja schrecklich! Was bist du bloß für ein Pechvogel!« Und der Bauer sagt: »Kann sein.«

Am nächsten Tag kommt das Pferd zurück und bringt sechs Wildpferde mit. Die Nachbarn sagen zum Bauern: »Du Glückspilz! Wie schön für dich!« Und der Bauer sagt: »Kann sein.«

Am nächsten Tag versucht der Sohn des Bauern, eines der Wildpferde zu satteln und zu reiten, wird aber abgeworfen und bricht sich ein Bein. Die Nachbarn schlagen die Hände über dem Kopf zusammen: »Du Armer, dein armer, einziger Sohn!« Und der Bauer sagt: »Kann sein.«

Wieder am nächsten Tag kommen Offiziere ins Dorf, um junge Männer als Rekruten für die Armee einzuziehen. Der Sohn des Bauern wird wegen seines Beinbruchs zurückgestellt. Die Nachbarn sagen: »Das ist ja wirklich großartig, wie gut sich für dich doch alles gewendet hat.« Und der Bauer sagt: »Kann sein.« ...

Und das ist alles.

Anhang

Eine kurze (Philosophie-)Geschichte des Schönen

Das Wesen des Schönen

Die erste philosophische Untersuchung des Schönen stammt aus der Antike. Es ist Platons (428–348 v. Chr.) Dialog *Hippias Major,* der die nachfolgenden Diskussionen bis ins 19. Jahrhundert hinein prägen wird. Bis dahin wird es immer wieder um die Frage gehen, ob es sich beim Schönen um etwas Absolutes oder bloß um etwas Relatives handelt. Ob das, was wir schön nennen, ein unveränderliches *Wesen* hat, oder ob es eine Sache von *Konventionen* ist.

Von Sokrates gefragt, was das Schöne sei, antwortet der Sophist Hippias: »Ein schönes Mädchen ist eine wirkliche Schönheit.« Sokrates gibt sich mit diesem Beispiel nicht zufrieden. Hätte Hippias statt »schönes Mädchen« nicht genauso gut »schöne Stute« oder »schöne Kanne« sagen können? Hippias wird klar, dass man nicht alles in gleicher Weise als schön *(kalós)* betrachten kann – dass es eine Rangordnung des Schönen gibt. Ein schönes Mädchen mag für sich gesehen schön sein – verglichen mit einer schönen Göttin ist es eher hässlich.

Sokrates geht es weder um schöne Frauen noch um schöne Kannen. Ihn interessiert das allgemeine Wesen des Schönen. Seiner Meinung nach ist dieses unabhängig von dem, »was die meisten Menschen für schön halten«. Etwas, das objektiv betrachtet gar nicht schön *ist,* kann ja sehr wohl subjektiv schön *scheinen:* »Oder verhält es sich … nicht so, dass … über nichts mehr Streit und Kampf stattfindet als gerade hierüber, sowohl in den persönlichen Beziehungen der Einzelnen zueinander wie im öffentlichen Leben der Staaten?«

Laut Sokrates kann das Wesen des Schönen niemals gleichbedeutend mit Konventionen, Bräuchen oder Moden sein. Wenn »schön« etwas sein sollte, was einer Sitte gemäß passend oder schicklich ist, müsste es ja auch »immer von allen dafür gehalten werden«. Das aber ist offensichtlich nicht der Fall ... und so endet der Dialog zwischen Sokrates und Hippias ergebnislos.

Platon selbst geht davon aus, dass es etwas geben muss, das absolut schön ist. Etwas, das als Maßstab für das nur relativ Schöne dient – das man aber natürlich nicht definieren kann, da eine solche Definition ja ihrerseits von gewissen (sprachlichen) Konventionen abhängig wäre. Und die Geltung von Konventionen wandelt sich nun einmal ständig. In seinem Dialog *Symposion* beschreibt Platon das Schöne als eine Folge verschiedener Rangstufen, von der niedrigsten Stufe, der leiblich-sinnlichen Schönheit, über die Schönheit der Seele, der Tugendhaftigkeit und der Erkenntnis bis hin zur höchsten Stufe, der »Idee« des Schönen. Nicht nur für Platon, auch in der altgriechischen Kultur insgesamt ist das Schöne nur immer im Zusammenhang mit dem moralisch Guten und dem Wahren zu sehen.

Schöne Proportion und schöner Glanz

Platon belässt es nicht bei diesen abstrakten Vorstellungen. Er vertritt – wie später Aristoteles (384–322 v. Chr.) – auch die These, dass Schönheit stets eine Frage des »richtigen Maßes« sei. Die Pythagoreer sind die Ersten, die diese bis heute einflussreiche Theorie im ausgehenden 5. Jahrhundert v. Chr. entwickeln: Schönheit beruht für sie auf der Wahl der *Proportion* und der rechten Anordnung der einzelnen Teile zu einem stimmigen Ganzen. Das Gesetz des Schönen liegt in der Mathematik. Was schön ist, lässt sich in exakten Zahlenverhältnissen ausdrücken – wie der harmonische Klang von Tönen und die Proportionen der Intervalle in der Musik, die Symmetrie in der Architektur oder die Ordnung des Kosmos überhaupt.

Auch der spätantike römische Architekt Vitruv (ca. 85–ca. 15 v. Chr.) beruft sich auf diese Theorie, wenn er schreibt, dass die Schönheit von Bauwerken, Skulpturen und Gemälden von den richtigen Längen-, Breiten- und Höhenverhältnissen abhänge. Das Gleiche gilt laut Vitruv auch für die Natur, die »den menschlichen Körper so schuf, dass der Schädel vom Kinn bis zum oberen Teil der Stirn und dem Haaransatz ein Zehntel der Körperlänge misst«.

Der neuplatonische Philosoph Plotin (205–270 n. Chr.) fügt dem noch etwas hinzu. Für ihn besteht Schönheit nicht nur in der Proportion und der Harmonie einzelner Teile. Sie liegt ganz entscheidend auch im Glanz des Lichts, des Goldes oder der Sterne. Außerdem glaubt Plotin, dass nur ein moralisch geläuterter Mensch, der gleichsam von innen heraus strahlt, Zugang zum Schönen haben kann: »Nie hätte das Auge jemals die Sonne gesehen, wenn es nicht selber sonnenhaft wäre; so kann auch eine Seele das Schöne nicht sehen, wenn sie nicht selbst schön ist.«

Damit steht seine Theorie ganz in Einklang mit der *kalogathia,* der Lehre von der Einheit des Schönen, Guten und Wahren.

Plotins Auffassung, dass Schönheit in der *Zweiheit von Ebenmaß und Glanz* liege, prägt die christliche Philosophie, die Theologie und die Kunst(theorie) des Mittelalters ebenso stark wie die pythagoreische Lehre. Davon zeugt auch die triumphale Lichtästhetik gotischer Kathedralen wie die von Reims oder St. Denis bei Paris, die für die vollkommene und ewige Schönheit Gottes steht.

In seinen berühmten *Bekenntnissen* schildert der Kirchenvater und Philosoph Augustinus (354–430 n. Chr.), wie sehr sich die lichte Schönheit Gottes für ihn von weltlichen Genüssen unterscheidet – und wie sehr sich in ihr dennoch Sinnlichkeit und Spiritualität vermischen:

»Nicht Körperschönheit und vergängliche Zier, nicht den Strahlenglanz des Lichts, so lieb den Augen, nicht köstlichen Wohllaut so vieler Instrumente, nicht den süßen Duft von Blumen, Salben und Spezereien, nicht Manna und Honig, nicht Glieder, die zur Umarmung locken – nein, das liebe ich nicht, wenn ich dich liebe, meinen Gott. Und doch ist's eine Art von Licht, von Stimme, Speise, Umarmung meines inneren Menschen.«

Das Schöne in der Kunst

Die Lehre von den richtigen Proportionen mit ihrer vernunftbetonten Formel »Maß, Form und Ordnung« (Augustinus) bleibt auch für den Schönheitsbegriff der Renaissance zentral. Vom 15. und 16. Jahrhundert an sind es mehr Künstler und Dichter als Philosophen, die sich über das Schöne Gedanken machen. Für sie ist Schönheit nicht mehr nur einfach eine Eigenschaft der Natur, sondern ein Ideal, das in der Kunst zu finden ist. Von nun an soll sich die Wirklichkeit an der Kunst messen lassen, und nicht mehr die Kunst an der Wirklichkeit.

Vitruvs Schriften über die Baukunst sind grundlegend für die von den Architekten und Kunsttheoretikern Filippo Brunelleschi (1377–1446) und Leon Battista Alberti (1404–1472) entwickelte sogenannte Zentralperspektive: Nach Alberti ist ein Gemälde ein offenes Fenster in einen perspektivisch geordneten Raum, gleich, ob es sich um die Darstellung eines Gebäudeinneren oder um ein Porträt handelt. Alberti besteht darauf, dass man sich in der Malerei nicht auf die exakte Nachahmung der Realität beschränken dürfe, sondern diese vom subjektiven Blick des Betrachters aus ordnen müsse. In jedem

Fall soll die Natur mit dem, was subjektiv als schön anmutet, bereichert werden:

»(Es wird dem Maler) gefallen, nicht nur allen Teilen Ähnliches wiederzugeben, sondern darüber hinaus Schönheit hinzuzufügen, denn in der Malerei ist Liebreiz nicht weniger vergnüglich als erforderlich. Demetrius, dem Maler der Alten, gelang es nicht, höchsten Ruhm zu erwerben, weil er viel mehr darauf erpicht war, die Dinge der Natur nachzuahmen, als sie schön zu gestalten. Also empfiehlt es sich, von allen schönen Körpern einen Teil auszuwählen, der gelobt wird.«

Ebenso prägend wie seine architektonischen Schriften ist Vitruvs Theorie vom wohlgeformten Körper, dessen Maß- und Zahlenverhältnisse Leonardo da Vinci (1452–1519) in seiner Zeichnung des »vitruvianischen Menschen« verewigt und an denen sich auch Albrecht Dürer (1471–1528) orientiert.

Da je nach Perspektive aber ein anderes Bild von einem schönen Raum oder einem schönen menschlichen Körper entsteht, ist nicht mehr klar, ob es überhaupt noch einen absoluten Maßstab für das Schöne geben kann (wie es für Pythagoras die Zahl oder für Platon die Idee des Schönen war) – oder ob Schönheit nun eine Frage des subjektiven Standpunkts ist. Dürer bringt dieses Problem so auf den Punkt:

»Ein schönes Bild zu machen, kannst du von einem Menschen nit abnehmen. … Das Schöne zu beurteilen, davon ist zu ratschlagen. Nach Geschicklichkeit muss man sie in ein jeglich Ding bringen … Schön und schöner ist uns nit leicht zu erkennen. Denn es ist wohl möglich, dass zwei unterschiedliche Bild gemacht werden, keines dem anderen gemäss, dicker und dünner, dass wir nit wohl beurteilen können, welches schöner sei. Die Schönheit, was das ist, das weiss ich nit; wiewohl sie vielen Dingen anhangt …«

Die Ratlosigkeit Dürers führt zurück zu den Fragestellungen in Platons *Hippias*. Seine Überlegungen markieren aber auch den Übergang in eine neue Epoche, in der die unterschiedlichen   211 (künstlerischen) Realisierungsmöglichkeiten und die Vielfalt der individuellen Erfahrungen des Schönen in den Mittelpunkt des Interesses treten.

Schönheit: eine Geschmackssache

Im 18. Jahrhundert geht es nicht mehr um die Suche nach dem absoluten oder objektiven Schönen, sondern um das, was *subjektiv* gefällt. Schönheit wird nicht mehr mit Wahrheit oder messbarer Gesetzmäßigkeit gleichgesetzt, sondern mit sinnlicher Empfindung und Instinkt. Sie wohnt einem Gegenstand nicht mehr inne, sondern liegt im Auge des Betrachters. Wie der schottische Philosoph David Hume (1711–1776) 1757 schreibt: »Schönheit ist keine Qualität in den Dingen selbst; sie existiert lediglich im Geist dessen, der sie betrachtet; und jeder Geist nimmt eine andere Schönheit wahr ... Über Geschmack lässt sich nicht streiten.«

Allerdings gibt Hume zu, dass die meisten Menschen den gleichen Geschmack haben, wenn sie individuell beurteilen, was sie schön finden. Er geht deshalb davon aus, dass unseren Beurteilungen ein »Schönheitssinn« zugrunde liegt, den man trainieren kann – auch wenn nur wenige Experten in ihrem Urteil so sicher seien, dass ihr Empfinden eine »Geschmacksnorm« begründen könne. Was darauf schließen lässt, dass die subjektive Beurteilung des Schönen eben doch nicht ganz ohne Maßstab auskommt.

Im selben Jahr veröffentlicht der englische Philosoph und Politiker Edmund Burke (1729–1797) das Standardwerk *Philosophische Untersuchungen über den Ursprung unserer Ideen vom Erhabenen und Schönen*. Darin widmet er sich der Frage, welche äußeren Reize welche ästhetischen Empfindungen in uns auslösen. Jedes Mal, wenn der Mensch mit Schmerz, Gefahr oder Tod zu tun hat, so Burke, überkommt ihn das schreckliche Gefühl des »Erhabenen« (das auch angenehm sein kann, solange die Bedrohung nicht real ist. Denken wir an den wohligen Grusel beim Krimilesen!). Liebe und Sexualität assoziiert er dagegen mit dem – schwächeren – Reiz des »Schönen«. Burkes Hervorhebung des Erhabenen gegenüber dem Schönen wird in der Kunst(theorie) des 20. Jahrhunderts eine wichtige Rolle spielen.

Für Hume und Burke ist Schönheit zwar eine individuelle, subjektive, sinnliche Geschmackssache, aber nichts völlig Beliebiges. Darin stimmen sie mit Immanuel Kant (1724–1804) überein, der mit seiner *Kritik der Urteilskraft* die wichtigste Untersuchung zur Bestimmung des Schönen seiner Zeit vorlegt. Sein Werk gehört zu der im 18. Jahrhundert neu etablierten philosophischen Disziplin der Ästhetik (von griechisch *aisthesis* für »sinnliche Wahrnehmung«), die sich dem schönen Kunstwerk, dem Geschmack und dem ästhetischen Werturteil widmet.

Laut Kant kann nur ein Gegenstand, dem man »interesseloses Wohlgefallen« entgegenbringt, als schön empfunden werden. Wer beispielsweise beim Anblick gemalter Äpfel Hunger bekommt, kann nicht beurteilen, ob das Stillleben schön ist oder nicht – sein Interesse (in diesem Fall: der Hunger) kommt ihm in die Quere.

Zwar kann für Kant das Geschmacksurteil »*nicht anders* als *subjektiv* sein«. Aber er stellt auch fest, dass jeder, der etwas schön findet, dieses Urteil am liebsten als allgemeingültig ausgeben will: »Das Geschmacksurteil selbst *postuliert* nicht jedermanns Einstimmung (denn das kann nur ein logisch allgemeines, weil es Gründe anführen kann, tun); es *sinnet* nur jedermann diese Einstimmung an …« Und: »Wer etwas für schön erklärt, will, dass jedermann dem vorliegenden Gegenstand Beifall geben und ihn gleichfalls als schön erklären *solle*.«

Um dieses Phänomen zu begründen, geht Kant von einem »Gemeinsinn« für das Schöne aus. Der philosophisch aufgeklärte Mensch soll versuchen, den anderen mitzuteilen, was er als schön empfindet – vor allem auch deshalb, weil das Schöne jenseits des subjektiven Geschmacks »Symbol des Sittlich-Guten« sei. Der »echte Geschmack« hat für Kant viel mit Humanität und moralischer Kultur zu tun.

Die Entzauberung des Schönen

Im 19. Jahrhundert nehmen zwei philosophische Originalgenies eine radikale Umwertung am Schönen vor. Für den Pessimisten Arthur Schopenhauer (1788–1860) ist besonders das Kunstschöne – Poesie, Malerei, Musik – ein Heilmittel oder »Quietiv« gegen das Leiden der menschlichen Existenz. Seiner Meinung nach steht die Welt unter dem Gesetz des allmächtigen »Willens«. In seinem Werk *Die Welt als Wille und Vorstellung* beschreibt er den Willen als allgegenwärtiges Naturprinzip, das sich beim Menschen vor allem in den körperlichen Funktionen äußert, Verdauung, Atem, Hunger oder Sexualität: Der Wille ist ein bewusstloser Trieb zum Leben, der allerdings beim Menschen nicht lebenserhaltend wirke, sondern selbstzerstörerisch. Der Wille verwandelt das Leben jedes Einzelnen in ein »Trauerspiel«. Denn wer Tag für Tag von seinen leiblichen Begierden gelenkt wird, kann sich nicht der Erkenntnis von Wahrheit widmen.

Nur die Faszinationskraft des Schönen kann aus dieser Misere heraushelfen – denn nur die »ästhetische Kontemplation« erlaubt es, sich von den Bedingtheiten des Daseins zu befreien (wenigstens zeitweise). Dabei ist Schönheit nicht nur auf die Künste beschränkt: »Das ästhetische Wohlgefallen (ist) wesentlich eines und dasselbe, es mag durch ein Werk der Kunst oder unmittelbar durch die Anschauung der Natur und des Lebens hervorgerufen sein.«

Laut Schopenhauer kann letztlich *alles* als schön betrachtet werden – jeder Gegenstand, in den sich der Mensch kontemplativ versenkt.

Auch für Friedrich Nietzsche (1844–1900) haben Schönheit und Kunst eine überlebensnotwenige Bedeutung. Allein die Kunst bewirkt, dass sich der Mensch von den »Ekelgedanken über das Entsetzliche oder Absurde des Daseins« lösen kann. Nietzsche schreibt (mit einem indirekten Seitenhieb gegen Platon):

»An einem Philosophen ist es eine Nichtswürdigkeit zu sagen: das Gute und das Schöne sind eins: fügt er gar noch hinzu: ›auch das Wahre‹, so soll man ihn prügeln. Die Wahrheit ist hässlich: wir haben die Kunst, damit wir nicht an der Wahrheit zugrunde gehen.«

In *Die Geburt der Tragödie aus dem Geiste der Musik* unterscheidet Nietzsche zwei ästhetische Prinzipien: Das »Apollinische« ist der Ort des schönen Scheins und der Harmonie, es steht für Kunstgattungen wie Architektur, Plastik oder Epos. Das »Dionysische« repräsentiert dagegen die Welt der Musik, zu ihm gehören Rausch, Ekstase und dunkle Triebhaftigkeit. Genau in dieser rauschhaften Energie sieht Nietzsche den eigentlichen Wert der Kunst. Die Kunst wie das Leben sollen keine Erholung und kein Zeitvertreib sein, sondern ein ständiges Fest, ein permanenter Glückszustand. Man muss kein Genie sein, um ästhetisch lustvoll zu leben. Schön zu leben liegt in der Hand jedes Einzelnen, denn »alle Menschen sind künstlerisch«.

Die Krise des Schönen

Im 20. Jahrhundert wird aus der Umwertung des Schönen eine Abwertung. Angesichts der Gräueltaten der Nationalsozialisten und dem Schrecken des Zweiten Weltkriegs ist fraglich, ob Schönheit in dieser Welt überhaupt noch einen Platz haben darf. »Nach Auschwitz ein Gedicht zu schreiben ist barbarisch«, so Theodor W. Adorno (1903–1969). Für den auch als Komponisten tätigen Philosophen ist das Dissonante, Disharmonische, Bruchstückhafte, Zerrüttete das Kennzeichen der Moderne. In seiner *Ästhetischen Theorie* kritisiert er das neue Phänomen der profitorientierten Massenmedien und die Kulturindustrie, die den Menschen ausbeutet, ihn betrügt und »entfremdet«. Demgegenüber preist Adorno die »authentische« moderne Kunst, die Erlösung von den weltgeschichtlichen Katastrophen verspricht – auch wenn es ihr nie ganz gelingt, da sich diese Katastrophen in ihrer zerrütteten Struktur ja automatisch widerspiegeln: »Die Kunst ist das Versprechen des Glücks, das gebrochen wird.«

Für Adorno hat Kunst ein magisches Potenzial, eine rätselhafte Logik, die man nie ganz entschlüsseln kann – ähnlich wie die Schönheit der Natur. In diesem Sinne vergleicht er das Schweigen der Natur auch mit dem Schweigen in Samuel Becketts absurden Theaterstücken. Laut Adorno ist das Schöne zwar auch im 20. Jahrhundert lebendig; allerdings wohnt ihm stets das Unerklärliche und Furchtbare inne.

Im 21. Jahrhundert sind die Grenzen zwischen Kunst, Konsum und Kommerz durchlässig geworden. Was schön ist, erfahren wir aus Internet, Presse und Fernsehen: Models, Geländewägen, Handtaschen, Jeans, Smartphones. Alles – und nichts. *Die Geschichte der Schönheit* von Umberto Eco (* 1932) schließt mit den Worten:

»Unser Erforscher der Zukunft wird das von den Massenmedien des 20. Jahrhunderts und darüber hinaus verbreitete ästhetische Ideal nicht mehr identifizieren können. Vor der Orgie der Toleranz, vor dem totalen Synkretismus, vor dem absoluten und unaufhaltsamen Polytheismus der Schönheit wird er kapitulieren müssen.«

Literatur zum Nach- und Weiterlesen

Was ist schön?

Das Interview mit Europa Bendig mit dem Titel »Werden Sie bloß nicht zu perfekt!« findet sich in der Zeitschrift *myself* 10/2012.

Die Ausgabe 4/2013 der Zeitschrift *Elle,* die ausschließlich dem Thema »Beauty« gewidmet ist, enthält ein Expertengespräch zwischen zwei Dermatologen, einer TV-Moderatorin, einer Modelagentin und mir zur Frage: »Was bedeutet Schönheit heute?«

1 »Tits on Sticks«: Warum Frauen schön sein wollen

Einen guten Überblick über Kennzeichen und Kriterien äußerer Schönheit aus der Sicht der Attraktivitätsforschung liefert Ulrich Renz, *Schönheit: Eine Wissenschaft für sich,* Berlin 2007.

Platons Dialog *Hippias Major* findet sich in Platon, *Sämtliche Werke, Band I,* Reinbek bei Hamburg 2004.

Über »Die Proportion der Schönheit« bei den Pythagoreern, Platon, Vitruv, Cicero und Leon Battista Alberti gibt Eckhard Keßler in seinem gleichnamigen Text Auskunft – in Cathrin Gutwald und Raimar Zons (Hg.), *Die Macht der Schönheit,* München 2007.

Zum Weiterlesen und Vertiefen empfiehlt sich Roger Scrutons Einführung *Schönheit: Eine Ästhetik,* München 2012, die das Schöne am Menschen, in der Kunst und in der Natur unter die Lupe nimmt.

2 Schön modisch: Warum Männer Wollmützen tragen und ihre Brust entblößen

Für eine erste Bekanntschaft mit Charles Darwin eignen sich die ausgewählten Kapitel in: *Die Abstammung des Menschen und die sexuelle Selektion: Eine Auswahl,* Stuttgart 2012.

In *Das Versprechen der Schönheit,* Frankfurt am Main 2007, widmet sich Winfried Menninghaus der Frage, inwieweit Schönheit mit Fortpflanzungszwecken verknüpft ist und ob Mode das kulturelle Erbe sexueller Werbungsmechanismen sein könnte.

Charles Baudelaires berühmter Essay »Der Maler des modernen Lebens« findet sich in Baudelaire, *Sämtliche Werke in acht Bänden,* Band 1, München 1989.

Georg Simmels scharfsinnige Betrachtungen zur Mode kann man in seiner »Philosophie der Mode«, in: Simmel, *Gesamtausgabe,* Band 10, Frankfurt am Main 1995, nachlesen.

Hartmut Rosas soziologisches Werk *Beschleunigung: Die Veränderung der Zeitstrukturen in der Moderne,* Frankfurt am Main 2005, erklärt, warum unser Lebenstempo immer schneller wird und welche Konsequenzen das für unser Verständnis von uns selbst hat.

3 Göttlich, menschlich, magisch?
Warum man über Schönheit so gut streiten kann

Die (leider nur auf Englisch verfügbare) Kurzgeschichte »The Breaking Up of the Winships« von James Thurber ist dem Sammelband von David Remnick und Henry Finder, *Disquiet, Please! More Humor Writing from The New Yorker,* New York 2008, entnommen.

Immanuel Kants *Kritik der Urteilskraft,* Stuttgart 1986, nähert man sich am besten über die Sekundärliteratur *Kant für Anfänger: Die Kritik der Urteilskraft – eine Lese-Einführung* von Ralf Ludwig, München 2008.

Arthur Schopenhauers *Metaphysik des Schönen: Philosophische Vorlesungen Teil III,* München 1985, eignet sich nicht bloß für Ästhetikfans, sondern auch als Einstieg ins Herz seiner Philosophie.

Die aufwendig illustrierte *Geschichte der Schönheit,* München 2009, von Umberto Eco zeigt Schönheitsideale im Wandel der Zeit am Beispiel berühmter Werke der bildenden Kunst (von der Antike bis heute).

Über die Kunst des guten Aussehens –
Gebrauchsanweisung I

Heinrich von Kleists Aufsatz »Über das Marionettentheater« kann man in Kleist, *Sämtliche Werke und Briefe,* München 2001, nachlesen.

Einen Überblick über die – auch Fragen der Haltung, des Stils und der Schönheitspflege betreffende – Ethik der Stoiker kann man sich mit Wolfgang Weinkauf (Hg.), *Die Philosophie der Stoa: Ausgewählte Texte,* Stuttgart 2001, verschaffen.

4 Eros vs. Porno:
Warum Schönheit begehrenswert ist

In seiner Schrift *Das Unbehagen in der Kultur,* Frankfurt am Main 2010, beschreibt Sigmund Freud das Individuum im Spannungsfeld von Triebsteuerung und der auf Triebverzicht gründenden Kultur.

Eine Einführung in philosophische und kulturkritische Gedanken zum Thema Kitsch geben Ute Dettmar und Thomas Küpper (Hg.), *Kitsch: Texte und Theorien,* Stuttgart 2007.

Ein besonders erhellender philosophischer Beitrag über den Kitsch ist Umberto Ecos Text »Die Struktur des schlechten Geschmacks«, in: Eco, *Im Labyrinth der Vernunft: Texte über Kunst und Zeichen,* Leipzig 1990.

Platons Dialog *Symposion: Das Gastmahl,* München 2008, enthält alles über Liebe und Erotik, was wir schon immer wissen wollten, aber nie zu fragen wagten.

Auszüge aus Susan Sontags »Anmerkungen zu ›Camp‹« finden sich in: Dettmar und Küpper, *Kitsch* (s. o.). Der vollständige Originaltext »Notes on ›Camp‹« ist in Sontag, *Against Interpretation and Other Essays,* London 2009, erschienen.

5 Die Diva:
Warum schön auch schrecklich sein kann

Ein literaturwissenschaftliches, mit imposanten Fotos ausgestattetes Standardwerk zum Thema ist Elisabeth Bronfens und Barbara Straumanns *Diva: Eine Geschichte der Bewunderung,* München 2002. (An dieser Stelle herzlichen Dank an Susanne Hermanski!)

Sam Kashners und Nancy Schoenbergers Biografie *Furious Love: Elisabeth Taylor und Richard Burton – Die Liebesgeschichte des Jahrhunderts,* München 2012, zeichnet eine legendäre (dionysisch-impulsive) Liebe-Hass-Beziehung nach.

Aristoteles' *Poetik,* Stuttgart 1994, begründete maßgeblich das Dramenverständnis der Antike und der Neuzeit und gilt bis heute als eines der wichtigsten Werke der westlichen Kulturgeschichte.

In *Celebrities: Vom schwierigen Glück, berühmt zu sein,* Reinbek bei Hamburg 2007, untersucht Borwin Bandelow die Ursachen für Weltruhm aus psychiatrischer Sicht.

Friedrich Nietzsches Schrift *Die Geburt der Tragödie aus dem Geiste der Musik,* Frankfurt am Main 2000, feiert die Natur, das Irrationale und die »dionysisch«-spätromantische Musik Richard Wagners.

Edmund Burkes Werk *Philosophische Untersuchung über den Ursprung unserer Ideen vom Erhabenen und Schönen,* Hamburg 1989, ist einer der einflussreichsten philosophischen Texte zur Frage des Schönen und des ästhetischen Geschmacks.

6 Schöne Lügner:
Warum Illusionen so verführerisch sind

Über Jim Jones' Charisma und seine manipulativen Fähigkeiten gibt Deborah Layton mit ihrem autobiografischen Bericht *Selbstmord im Paradies: Mein Leben in der Sekte,* Frankfurt am Main 2008, Auskunft.

Traudl Junges Text *Bis zur letzten Stunde: Hitlers Sekretärin erzählt ihr Leben,* München 2003, schildert die Ereignisse der letzten Kriegsjahre zwischen Führerbunker und Berghof.

Sebastian Haffners *Anmerkungen zu Hitler,* Frankfurt am Main 1981, bieten einen ebenso knappen wie erhellenden Überblick über Hitlers Verbrechen, aber auch über seine (anfänglichen) Erfolge und Leistungen.

Die Psychologie der Massen von Gustave Le Bon, Hamburg 2009, gilt als Grundlagenwerk der Sozialpsychologie. Im 20. Jahrhundert half es Politikern, ihre Propagandatechniken zu perfektionieren.

Die Unfähigkeit zu trauern: Grundlagen kollektiven Verhaltens von Alexander und Margarete Mitscherlich, München 2007, war ein Weltbestseller mit großer Wirkung auf die 68er-Generation.

Arno Gruens Studie *Der Fremde in uns,* München 2005, analysiert die maskenhafte »Nicht-Identität« von Hitler und anderen Kriegsverbrechern.

Bei Hannah Arendts Text *Über das Böse: Eine Vorlesung zu Fragen der Ethik,* München 2007, handelt es sich um die philosophische Fundierung ihres Prozessberichts *Eichmann in Jerusalem,* München 2011.

Über die Seelenpflege – *Gebrauchsanweisung II*

Einen Überblick über den Topos der *kalogathia* und über Theorien des Schönen von der Antike bis heute gibt Konrad Paul Liessmanns *Schönheit,* Wien 2009.

Oliver Sacks' Schilderung von Aphasie-Patienten, »Die Ansprache des Präsidenten«, findet sich in Sacks, *Der Mann, der seine Frau mit einem Hut verwechselte,* Reinbek bei Hamburg 2009.

Die Studie »Embodied Emotion Perception« ist im Netz abrufbar unter *https://faculty.fuqua.duke.edu/~tlc10/bio/TLC_articles/ in_press/Neal_Chartrand_in_press.pdf (Zugriff Mai 2013)*

7 Schönes Leben I: Warum Glück Übungssache ist

Über Diogenes und seine Kollegen informiert Georg Luck, *Die Weisheit der Hunde: Texte der antiken Kyniker,* Stuttgart 1997.

In *The Therapy of Desire: Theory and Practice in Hellenistic Ethics,* Princeton 1996, zeigt Martha Nussbaum, wie die Lebenskunstphilosophie der Epikureer, Skeptiker und Stoiker als »Medizin« eingesetzt wurde und warum sie auch heute noch aktuell ist.

Epikurs *Philosophie der Freude,* Frankfurt am Main 1988, enthält auch (und gerade) für den philosophischen Laien nützliche Lebensweisheiten.

Epiktets *Handbüchlein der Moral,* Stuttgart 2006, stellt mit ebenso kurzen wie pointierten Ratschlägen so manche »Self-Help«-Literatur in den Schatten. 223

8 Schönes Leben II: Warum man Austern essen soll, wenn man krank ist

Michel de Montaignes *Essais: Erste moderne Gesamtübersetzung von Hans Stilett,* München 2011, sollten in keinem literaturfreundlichen Haushalt fehlen.

Mit ihrem Buch *Wie soll ich leben? Oder: Das Leben Montaignes in einer Frage und zwanzig Antworten,* München 2012, gibt Sarah Bakewell eine Leseanleitung für das Werk des Renaissancephilosophen.

Über die Auseinandersetzung zwischen dem Skeptiker-Fan Montaigne und dem Zweifler Descartes informiert Saul Frampton, *Wenn ich mit meiner Katze spiele, woher weiß ich, dass sie nicht mit mir spielt? Montaigne und die Fragen des Lebens,* München 2013.

9 Schön und gut: Warum es ganz leicht sein kann, loszulassen

Die ausführlichste Darstellung der Kunst der Urteilsenthaltung ist der *Grundriss der pyrrhonischen Skepsis* von Sextus Empiricus, Frankfurt am Main 1985.

Für Einsteiger eignet sich Markus Gabriel, *Antike und moderne Skepsis zur Einführung,* Hamburg 2008.

Diogenes Laertius' *Leben und Meinungen berühmter Philosophen,* Hamburg 1998, ist die einzige vollständig erhaltene Philosophiegeschichte des Altertums. Es enthält biografische Informationen und zahlreiche Anekdoten über Geistesgrößen wie Thales, Heraklit, Platon und Aristoteles.

Für einen ersten Kontakt mit dem chinesischen Denken empfiehlt sich Wolfgang Bauer, *Geschichte der chinesischen Philosophie: Konfuzianismus, Daoismus, Buddhismus,* München 2009.

Alan Watts' unvollendetes Werk *Der Lauf des Wassers: Eine Einführung in den Taoismus,* München 2011, ist eine ebenso gelehrte wie originelle Überblicksdarstellung, die uns die daoistische Weisheit auf spielerische Weise nahebringt.

Dschuang Dsi, *Das wahre Buch vom südlichen Blütenland,* Köln 2011, stürzt auch den überzeugtesten Rationalisten in Verwirrung.

Laotse, *Tao Te King: Eine zeitgemäße Version für westliche Leser,* München 2003, ist stark von der dualistischen Yin-Yang-Philosophie geprägt.

Über die Logik des schönen Lebens – *Gebrauchsanweisung III*

Albert Ellis, *Training der Gefühle: Wie Sie sich hartnäckig weigern, unglücklich zu sein,* München 2006, zeigt auf der Grundlage der Rational-Emotiven Verhaltenstherapie, wie man sich glücklich denkt.

Über die Bedeutung der antiken philosophischen Lebenskunst für das moderne Leben und ihren Zusammenhang mit der kognitiven Verhaltenstherapie belehrt Jules Evans, *Philosophie fürs Leben: … und für andere gefährliche Situationen,* München 2012, ebenso unterhaltsam wie sachkundig.

Die Interpretation der daoistischen Geschichte vom Bauern, dem sein Pferd davonlief, kann man in Alan Watts, *Der Lauf des Wassers*, s. o., nachlesen.

Anhang:
Eine kurze (Philosophie-)Geschichte des Schönen

Die zitierten Werke von Platon, Kant, Burke, Nietzsche und Eco wurden bereits weiter oben angeführt.

Wer sich den Fragen des Schönen und der Ästhetik von der Antike bis ins 20. Jahrhundert mit wissenschaftlicher Genauigkeit nähern möchte, greift am besten zu Wladyslaw Tatarkiewicz' *Geschichte der sechs Begriffe: Kunst, Schönheit, Form, Kreativität, Mimesis, Ästhetisches Erlebnis,* Frankfurt am Main 2003.

Einen hilfreichen, knappen Überblick über die wichtigsten Positionen der Ästhetik gibt Norbert Schneider, *Geschichte der Ästhetik von der Aufklärung bis zur Postmoderne: Eine paradigmatische Einführung,* Stuttgart 2010.

Vitruvs *Zehn Bücher über Architektur: De Architectura Libri Decem,* Darmstadt 2008, ist der einzige erhaltene Text über die antike Baukunst.

Plotins Äußerungen über Schönheit finden sich in seinen *Enneaden,* Berlin 2011.

Die *Bekenntnisse* von Augustinus, Stuttgart 1989, schildern den Kampf zwischen dem, was das geistige Auge wahrnimmt, und der konkreten sinnlichen Erscheinung.

Leon Battista Albertis Theorie der Malerei kann man in seinen *Kleineren kunsttheoretischen Schriften,* Wien 1877, nachlesen – am besten in einer gut sortierten Bibliothek.

Auch für die Lektüre von Dürers *Schriften, Tagebücher, Briefe,* Stuttgart 1961, empfiehlt sich ein Bibliotheksbesuch.

Die Erkenntnis, dass Schönheit im Auge des Betrachters liegt, entnehmen wir David Humes ausgewählten Essays *Vom schwachen Trost der Philosophie,* Göttingen 1990.

Die Welt als Wille und Vorstellung, München 1998, ist das Hauptwerk des sogenannten Pessimisten Arthur Schopenhauer.

Theodor W. Adornos *Ästhetische Theorie,* Berlin 2010, ist das letzte große Werk des legendären Suhrkamp-Autors.

Webadressen

Philosophische Beratung:

www.philosophyworks.de

Philosophische Werkzeuge für knarzende Gehirne und Denkbaustellen:

www.facebook.com/mikrophilosophie

Philosophie zum Anfassen und Anwenden:

www.modernlifeschool.de

Personenregister

Danksagung

Für tatkräftige, sachkundige Unterstützung, Trost und wertvolle Inspiration danke ich meinen Eltern und den mir Nahestehenden, Julia Gusenleitner-Tassinopoulos, Nathalie Heinze, Anja Heudorfer, Dr. Lisa Heudorfer, Dr. Cornelia Inderst, Prof. Janina Schäfer und Dr. Rainer Wienke. Für Förderung, Unterstützung und/oder Freundschaft danke ich Michael Meller und Andrea Kunstmann, Familie von Pauer, Dr. Uli Bauhofer, Gaby Bohle, Michael Brandner, Prof. Peter Falkai und dem Team der Co, Susanne Hermanski, Prof. em. Hans-Jürgen Möller, Michael und Daniela Sandvoss, Pia Schaf, Thomas Vašek und der »Hohen Luft« … sowie dem einzigartigen Peter Lindbergh!

Bildnachweis

Wie wir uns vom Un-Sinn befreien

Rebekka Reinhard

Warum wir schon alles haben, was wir brauchen –
Philosophische Rezepte für ein erfülltes Leben

Hardcover:
ISBN 978-3-453-28008-3
Heyne Taschenbuch:
ISBN 978-3-453-60196-3
Auch als E-Book erhältlich

Leseprobe auf ludwig-verlag.de

Das perfekte Leben – mit weniger geben wir uns nicht zufrieden. Schließlich haben wir alle Optionen, ob es um den Partner, den Job oder die richtige Weltanschauung geht. Doch was, wenn wir bei der unermüdlichen Suche nach dem Optimalen das Leben selbst einfach verpassen? Ein leidenschaftliches Plädoyer gegen den Un-Sinn des Perfektionismus – weil wir schon alles haben, was wir brauchen.

LUDWiG
Bücher für das wahre Leben

Warum der Umweg das Ziel ist

ISBN 978-3-453-28017-5
Auch als E-Book erhältlich

Leseprobe auf ludwig-verlag.de

Ein einziges großes Sicherheitsrisiko: So kommt uns unser Leben vor. Mit Expertenhilfe versuchen wir, jede Unwägbarkeit auszuschalten. Wir bemühen uns, bloß nicht vom Weg abzukommen – und verkümmern in der Öde unseres durchorganisierten, sinnfreien Alltags. Ja, die Zukunft ist ungewiss – aber nicht bedrohlich. Hören wir auf, uns zu fürchten, und lernen wir das Leben von seiner spannendsten Seite kennen – der unvorhersehbaren.

LUDWiG
Bücher für das wahre Leben

Alles fließt – nicht nur Champagner

ISBN 978-3-453-28029-8
Auch als E-Book erhältlich

Leseprobe auf ludwig-verlag.de

Kann die Philosophie uns tatsächlich helfen, unseren Schuhtick zu bewältigen? Die Unvollkommenheit unserer besseren Hälfte zu tolerieren? Mit körperlichen Problemzonen Frieden zu schließen? Ja, sie kann! Das beweist Autorin Rebekka Reinhard in über 50 witzig-augenzwinkernden Miniaturen, die sich typisch weiblichen Lebenssituationen widmen und Trost und Rat in Form von philosophischen Zitaten bieten.

LUDWIG
Bücher für das wahre Leben